한국의 백산백색

百山百色

한국의 백산백색(白山百色)

펴낸날_2025년 11월 3일

글.사진_김명수

펴낸이_정창득
기획_금혜옥
편집_전현서, 이종숙, 김태정
디자인_(주)골든민커뮤니케이션

펴낸곳_도서출판 얘기꾼
연락처_T.070.8880.8202 F.0505.361.9565 E.batistaff@naver.com

ISBN_979-11-88487-38-7 03910
출판등록_2013.10.28. [제300-2013-124호]

책의 정가는 뒷 표지에 있습니다.

이 책은 저작권법에 따라 보호받는 저작물이므로 무단전재와 무단복제를 금지하며,
이 책 내용의 전부 또는 일부를 이용하려면 반드시 저작권자와 도서출판 얘기꾼의
사전 서면 동의를 받아야 합니다.

한국의 백산백색

百山百色

한국의 백산백색(白山百色)

들어가며

돌이켜보면 2001년, 포항등산학교를 졸업하며 본격적인 산행의 길에 들어서게 되었습니다. 그때 접했던 '한국의 산하'는 저에게 등산의 새로운 길잡이가 되어 주었고, 그곳에서 제시한 '한국의 산하 100대 명산'은 저에게 가슴 뛰는 목표로 자리 잡게 되었습니다.

그로부터 20여 년이 지난 2021년 7월, 저는 이 100대 명산 완등을 위해 3년간의 긴 여정을 시작하게 되었습니다. 산림청이 2002년 '세계 산의 해'를 기념하며 산의 역사, 문화, 생태 등 다양한 요소를 고려하여 100대 명산을 선정한 이후, 여러 기관에서 독자적인 100대 명산을 발표해왔지만, 저에게는 처음 등산의 영감을 주었던 '한국의 산하'의 100대 명산이 특별한 의미로 다가왔습니다.

많은 산악인들이 각자의 기준과 추억을 담아 산행 자료를 정리하듯 저 역시 이 소중한 경험을 기록으로 남기고자 하였습니다. 이 책은 단순히 저만의 성취를 기념하기 위함이 아닌, 사랑하는 가족에게 의미 있는 무언가를 남겨주고 싶은 마음에서 비롯되었습니다.

나아가, 이 책이 산행을 하시기 어려운 장애인분들께 간접적으로나마 한국의 아름다운 산을 느끼고 경험하게 해주는 창이 되기를 소망합니다. 또한, 산행을 시작하고자 하는 비장애인들에게는 안전하고 즐거운 산행을 위한 길잡이 역할로서 도움을 줄 수 있다면 더 없는 보람이겠습니다.

3년에 걸친 이 여정의 기록이 담긴 본 책을 통해 독자 여러분 모두 한국 산의 웅장함과 아름다움, 그리고 그 속에서 얻을 수 있는 삶의 지혜와 위안을 함께 느끼시기를 바랍니다.

2025년 10월. 저자 김 명 수 올림.

한국의 산하 100대 명산 목록

1	감악산	35	치악산	69	가야산 남산제일봉
2	관악산	36	태백산	70	가지산
3	광교산	37	팔봉산	71	남덕유산
4	검단산	38	서산 가야산	72	금산
5	남한산	39	계룡산	73	금정산
6	도봉산	40	대둔산	74	미륵산
7	마니산	41	덕숭산	75	신불산
8	명지산	42	서대산	76	재약산
9	포천 백운산	43	오서산	77	지리산
10	북한산	44	용봉산	78	통영 지리산
11	불암산	45	칠갑산	79	천성산
12	수락산	46	구병산	80	화왕산
13	수리산	47	금수산	81	황매산
14	소요산	48	도락산	82	강천산
15	용문산	49	민주지산	83	내장산
16	운악산	50	소백산	84	덕유산
17	유명산	51	속리산	85	마이산
18	연인산	52	월악산	86	모악산
19	천마산	53	천태산	87	변산
20	청계산	54	칠보산	88	선운산
21	축령산	55	가야산	89	지리산 바래봉
22	화악산	56	금오산	90	장안산
23	가리산	57	경주 남산	91	달마산
24	가리왕산	58	내연산	92	두륜산
25	계방산	59	대야산	93	무등산
26	두타산	60	비슬산	94	광양 백운산
27	민둥산	61	운문산	95	월출산
28	명성산	62	응봉산	96	조계산
29	선자령	63	조령산	97	천관산
30	방태산	64	주왕산	98	추월산
31	삼악산	65	주흘산	99	팔영산
32	설악산	66	청량산	100	한라산
33	오대산	67	팔공산		
34	오봉산	68	황악산		

Ⅰ. 서울·인천·경기권

013	빗속에서 만난 감악산의 비경, 부부의 특별한 우중(雨中) 산행
015	2022년 새해, 관악산의 기상!
017	2022년 여름, 광교산: 길을 잃어야 비로소 보이는 풍경들
019	2022년 3월, 검단산에 오르다: 미세먼지 속 뜻밖의 깨달음
021	남한산 17.5km, 시간을 걷다: 4년 만의 재회, 기억 위에 새겨진 발자국
024	2023년 가을, 사패산-도봉산 연계 산행의 특별한 기억
026	강화 마니산: 하늘에 닿는 기운, 그리고 육포의 맛
028	경칩, 명지산에 오르다!
031	장마 앞둔 백운산, 8개월 만의 성공!
033	북한산 숨은 벽, 운무 속에서 찾은 신선의 기운
035	불암산: 2024년의 마지막을 장식한 '조은' 추억
037	2024년을 마무리하며 다녀온 수락산
039	수리산 부부 동반 산행기
041	겨울 소요산, 고독과 성찰의 시간을 걷다
043	빗방울 속으로 걸어 들어간 용문산: 기억 위에 새겨진 초록빛 위로
045	운악산: 늦잠이 준 선물, 햇살 먹은 아침
048	유명산: 추억과 다람쥐가 함께한 힐링 산행
050	연인산에서 사랑을 만나다!
052	천마산, 사계절의 감성을 담다
054	옻닭이 이끈 청계산, 부부 동반 소통의 길
056	몸살 투혼, 축령산과 서리산 횡단기
059	겨울 산행, 화악산(중봉)을 가다.

Ⅱ. 강원권

- 063 가리산, 부부의 특별한 동행으로 채운 초록빛 추억
- 066 가리왕산, 태풍 속에서도 빛난 아름다움
- 069 두 번의 만남, 계방산의 진짜 얼굴
- 071 두타산, 100대 명산 절반을 향한 열정의 발걸음
- 074 민둥산, 가을 억새와의 황홀한 동행
- 078 명성산, 억새 물결 속에서 피어난 가을날의 추억
- 081 뜻밖의 설국, 선자령에서 길을 묻다
- 083 방태산, 땡볕 더위 속에서 찾은 대자연의 위로
- 086 삼악산, 가을날의 재발견
- 088 설악 서북능선, 밤샘 산행의 대장정
- 091 오대산 비로봉, 여름날의 완벽한 쾌청함 속으로
- 094 오봉산, 여름날의 완벽한 힐링 산행
- 097 치악산 산행, 즐거운 추억
- 100 함백산-태백산 연계 산행: 두 개의 정상을 품다
- 103 팔봉산, 아기자기한 암릉의 매력에 빠지다

Ⅲ. 대전·세종·충남권

- 107 서산 가야산, 봄기운 가득한 능선 종주
- 110 드디어 영접하다, 계룡산! 맑은 날의 짜릿한 종주
- 113 비 내리는 대둔산, 추억을 걷다
- 116 못다 한 아쉬움을 채운 용봉산-덕숭산 종주
- 118 충청의 품에서 만난 드라마: 장령산-서대산 종주, 계획을 넘어선 감동 10.5km
- 120 바람과 함께 걷다, 은빛 억새의 오서산
- 123 한겨울 칠갑산, 맑은 공기 속 짜릿한 종주

Ⅳ. 충북권

- 126 전날의 피로를 잊게 한 구병산, 그 넉살 좋은 풍경 속으로!
- 128 빗속을 뚫고 오른 금수산: 두 번 밟은 정상, 두 배의 추억
- 130 다시 찾은 도락산, 추억과 감회 사이
- 132 민주지산, 겨울이 빚어낸 한 폭의 그림
- 134 소백, 바람 따라 추억 따라
- 137 속리산, 27년 만의 재회: 추억을 걷고 희망을 밟다
- 140 추억을 더듬어 오른 월악산, 그 잊지 못할 겨울 풍경 속으로
- 143 로프 타고 오르니 선계가 펼쳐지네! 천태산, 그 아찔하고도 황홀했던 기록
- 146 그 산에 얽힌 기나긴 사연, 겨울 칠보산, 드디어 발을 딛다!

Ⅴ. 대구·경북권

- 150 가야산, 그리고 남산제일봉: 가을날의 땀과 추억
- 152 금오산, 땀과 열정으로 빚어낸 여름날의 추억
- 154 경주 남산, 뜨거운 여름날의 인문학 산책
- 157 내연산, 빗속을 거닐며 만난 고향의 정취
- 160 여름날의 대야산: 땀과 추억이 버무려진 계곡의 유혹!
- 162 비슬산, 겨울 초입의 청량한 발걸음
- 165 영남알프스, 운문산-가지산 종주: 밤부터 낮까지 이어진 뜨거운 열정
- 168 응봉산, 20년 만의 재회: 땀과 추억이 빚어낸 덕풍계곡
- 171 조령산-주흘산 연계 산행: 좌절을 딛고 이룬 겨울 능선 종주
- 175 주왕산, 가족과의 행복, 그리고 나만의 여정
- 177 청량산, 가을빛 속에서 만난 69번째 명산의 감동
- 180 팔공산, 추억을 더듬어 오른 겨울 산행
- 182 황악산, 설원 속 추억을 걷다

VI. 부산·울산·경남권

- 185 남덕유산, 한겨울 설산이 선물한 은빛 추억
- 187 금산, 설경 속에서 맞이한 여명
- 189 부산 금정산, 비와 도시의 불빛이 어우러진 밤샘 산행
- 191 비진도 선유봉과 미륵산, 통영의 섬과 산을 걷다
- 194 영남알프스의 신불산! 억새 물결 속 가을의 황홀경
- 197 능동산-천황산-재약산, 영남알프스의 비 내리는 늦가을 정취
- 199 지리산 천왕봉, 10년 만의 재회와 잊지 못할 가을밤
- 201 사량도 지리산, 아쉬움 속 잊지 못할 섬 산행
- 203 천성산, 겨울비 예보를 뚫고 걷는 비로봉 가는 길
- 205 화왕산, 슬픔을 딛고 걷는 봄날의 재회
- 208 황매산, 억새 너머 가을을 걷다

VII. 전북권

- 211 강천산, 깊어가는 가을 속에서 만난 폭포와 단풍의 향연
- 213 내장산, 가을의 문턱에서 만난 또 다른 매력
- 216 덕유산, 7월의 숲길에서 만난 여름날의 선물
- 219 마이산, 비 예보를 뚫고 만난 돌탑의 신비
- 222 모악산, 봄바람 타고 오른 영험한 산의 선물
- 225 내변산, 추억 따라 걸었던 초록빛 시간
- 227 선운산, 여름날의 우여곡절 끝에 만난 평화
- 229 지리산 바래봉, 겨울 설경 속으로 떠난 힐링 산행
- 231 장안산, 눈과 비가 어우러진 겨울 동화

VIII. 광주·전남권

- 234　달마산, 헤매임 속에서 피어난 풍경의 선물
- 237　삼산 종주: 두려움을 넘어선 쾌감, 덕룡-주작-두륜의 춤
- 240　무등산: 걱정은 녹고 추억은 쌓인 5시간
- 243　백운산에서 매화마을까지: 고드름과 매화꽃 사이, 18km의 겨울 낭만
- 246　월출산: 굴곡진 여정 속 피어난 암릉의 매력
- 249　조계산: 산길에서 맛본 보리밥, 그리고 두 사찰의 속삭임
- 252　천관산: 기암괴석의 향연, 그리고 1박 2일의 흔적
- 255　추월산: 암벽 너머 담양호가, 그리고 계단 끝에 보리암이
- 258　팔영산: 여덟 봉우리를 넘나들며, 인생의 희로애락을 걷다

IX. 제주권

- 262　한라산: 아들과 함께 오른 '한국의 산하 100대 명산' 완주!

I. 서울·인천·경기권

- 013 　빗속에서 만난 감악산의 비경, 부부의 특별한 우중(雨中) 산행
- 015 　2022년 새해, 관악산의 기상!
- 017 　2022년 여름, 광교산: 길을 잃어야 비로소 보이는 풍경들
- 019 　2022년 3월, 검단산에 오르다: 미세먼지 속 뜻밖의 깨달음
- 021 　남한산 17.5km, 시간을 걷다: 4년 만의 재회, 기억 위에 새겨진 발자국
- 024 　2023년 가을, 사패산-도봉산 연계 산행의 특별한 기억
- 026 　강화 마니산: 하늘에 닿는 기운, 그리고 육포의 맛
- 028 　경칩, 명지산에 오르다!
- 031 　장마 앞둔 백운산, 8개월 만의 성공!
- 033 　북한산 숨은 벽, 운무 속에서 찾은 신선의 기운
- 035 　불암산: 2024년의 마지막을 장식한 '조은' 추억
- 037 　2024년을 마무리하며 다녀온 수락산!
- 039 　수리산 부부 동반 산행기
- 041 　겨울 소요산, 고독과 성찰의 시간을 걷다
- 043 　빗방울 속으로 걸어 들어간 용문산: 기억 위에 새겨진 초록빛 위로
- 045 　운악산: 늦잠이 준 선물, 햇살 먹은 아침
- 048 　유명산: 추억과 다람쥐가 함께한 힐링 산행
- 050 　연인산에서 사랑을 만나다!
- 052 　천마산, 사계절의 감성을 담다
- 054 　옻닭이 이끈 청계산, 부부 동반 소통의 길
- 056 　몸살 투혼, 축령산과 서리산 횡단기
- 059 　겨울 산행, 화악산(중봉)을 가다.

빗속에서 만난 감악산의 비경, 부부의 특별한 우중(雨中) 산행

경기도 파주시 적성면, 양주시 남면 일원 소재
해발 675m
방문일 2022. 7. 16.

산행코스 : 감악산 힐링파크 주차장-범륜사-감악산 정상-장군봉-청산계곡길-범륜사-감악산 힐링파크 주차장

    2022년 7월 16일, 부부가 함께 감악산으로 특별한 우중(雨中) 산행을 떠났다. 5.2km의 숲길을 4시간 20분 동안 걸으며, 비가 주는 특별한 운치 속에서 잊지 못할 추억을 만들었다.

여정의 시작, 기다림의 미학

산행은 덕정역에서 시작되었다. 배차 간격이 길었던 버스를 기다리는 시간마저도 산행의 일부라 여기며, 우리는 차분히 여정을 준비하였다. 빗방울이 떨어지는 정류장에서 버스를 기다린 끝에, 마침내 감악산 출렁다리 입구에 도착하게 되었다.

출렁다리와 범륜사, 숲의 품으로

산행의 첫 관문인 감악산 출렁다리는 빗방울을 머금어 더욱 푸르러진 숲 위를 건너는 짜릿한 경험을 선사하였다. 출렁다리를 건넌 뒤에는 고즈넉한 범륜사에 들러 잠시 소나기를 피하며 마음의 평화를 찾았다.

감악산 삼 형제봉, 웅장한 기상
범륜사를 지나 숲길을 더 깊이 들어섰다. 묵은 밭과 숯 가마터의 흔적을 지나, 뜻밖의 선물인 산속 약수터에서 재충전의 시간을 가졌다. 이윽고 감악산의 세 봉우리인 정상, 임꺽정봉, 장군봉에 도착하게 되었다. 흐린 날씨였지만, 웅장한 기상은 그 어떤 것과도 바꿀 수 없는 성취감을 안겨주었다.

운계폭포, 산행의 시원한 마무리
하산은 청산 계곡 길을 통해 내려왔다. 비에 젖어 미끄러웠지만, 계곡을 따라 내려오는 길은 또 다른 재미를 주었다. 산행의 마무리는 운계폭포였다. 시원하게 쏟아지는 물줄기는 산행의 피로를 단번에 씻어주는 듯했다.

이번 감악산 우중 산행은 바쁜 일상 속에서 미뤄왔던 약속을 지키며, 비가 주는 특별한 운치 속에서 아름다운 추억을 만든 소중한 시간이었다. 대중교통 이용 시 버스 시간표를 미리 확인하는 센스는 필수라는 깨알 팁도 알게 되었다.

2022년 새해, 관악산의 기상!

서울시 관악구, 금천구/
경기도 과천시, 안양시 소재
해발 629m
산행일 2022. 1. 8.

산행코스 : 사당역-깃대봉-헬기장-관악산(연주대) 정상-자운암-서울대 정문

    2022년 1월 8일 토요일. 영하 5도의 아침 공기가 뺨을 스쳤지만, 마음은 이미 관악산 연주대에 닿아 있었다. 몇 주 전부터 계획한 오우상 형님과의 동반 산행. 마치 수능을 앞둔 수험생처럼 등산 지도를 파고들었고, 전날 밤엔 설레는 마음으로 장비 점검만 수십 번 했다.

새벽 7시, 물 끓이는 소리와 함께 비장한 마음으로 배낭을 챙겼다. 7시 50분, 마을버스와 지하철을 갈아타고 약속 장소인 사당역 4번 출구로 향했다. 다행히 예상보다 덜 추운 날씨에 안도하며 도착하니, 오우상 형님이 벌써 마중 나와 계셨다. 편의점 앞에서 베지밀 한 병으로 든든하게 목을 축이고, 오전 9시 정각, 드디어 관악산 등정을 위한 첫발을 내디뎠다.

사당역 4번 출구에서 시작해 관음사, 깃대봉을 지나 헬기장을 거쳐 마침내 관악산의 정상, 연주대에 섰다. 차가운 겨울바람 속에서도 땀방울은 송골송골 맺혔고, 눈 앞에 펼쳐진 파노라마는 그 모든 수고를 보상하고도 남았다. 서울대 300동을 지나 정문까지, 약 7.4km의 거리를 4시간 30분 만에 완주하는 동안, 지난 한 해의 묵은 스트레스는 눈 녹듯 사라지고 새해의 기상만이 가득 채워졌다.

산행은 단순히 걷는 것을 넘어선다. 함께 땀 흘리고, 풍경을 나누고, 서로의 숨소리를 들으며 잊었던 인연의 끈을 다시금 단단히 묶는 과정이었다. 오우상 형

님과의 관악산 산행은 추운 겨울, 마음만은 뜨겁게 데워준 소중한 추억으로 남을 것이다. 이 에너지를 받아, 2022년 한 해를 힘차게 시작해 본다.

2022년 여름, 광교산:
길을 잃어야 비로소 보이는 풍경들

경기도 수원시 장안구, 용인시 수지구 소재
해발 582m
산행일 2022. 7. 23.

산행코스 : 광교역-광교파크자이-형제봉-비로봉-광교산 정상-형제봉-열림공원 광교웰빙국민체육센터-광교역

    2022년 7월의 어느 토요일, 예고 없이 찾아온 한가함은 나를 광교산으로 이끌었다. 아침 24도, 낮 28도. 녹진한 공기와 잔뜩 흐린 하늘은 금방이라도 소나기를 흩뿌릴 듯하였지만, 홀연히 떠나는 산행의 낭만을 꺾을 수는 없었다. 하지만 그 '낭만'은 길치에게 허락된 사치가 아니었다.

광교역에 도착해 하천 변을 따라 걷는 발걸음은 상쾌하였다. 졸졸거리는 물소리는 마치 나를 응원하는 노래 같았다. 그러나 그뿐이었다. 사전에 지도 한 번 들여다보지 않은 탓에 광교 파크자이 옆에서 길을 잃고 말았다. 형제봉으로 가는 길을 찾아 헤매는 동안, 문득 깨달았다. '아, 이래서 계획 없는 산행은 고생이구나!' 하는 뼈아픈 교훈을……

우여곡절 끝에 형제봉으로 향하는 등산로를 찾았지만, 광교산은 나를 또 한 번 시험하였다. 끝없이 이어지는 계단의 향연! 숨은 턱까지 차올랐고, 다리는 천근만근이었다. 비로봉을 향하는 길도, 다시 형제봉으로 돌아오는 길도, 온통 계단과의 고독한 싸움이었다. 특히 438개의 계단을 다시 오를 때는 차라리 미로 속을 헤매는 것이 낫겠다는 생각마저 들었다.

산행 내내 비는 오지 않았지만, 내 안에서는 '길치 본능'이라는 폭우가 쏟아진 셈이었다. 하지만 덕분에 예상치 못한 발견도 있었다. 길을 헤매다 만난 작은 이정

표들, 지친 몸을 이끌고 겨우 도착한 정상에서의 뿌듯함, 그리고 다시 하산하며 만난 가족 나들이객들의 평화로운 모습까지. 어쩌면 길을 잃어야 비로소 주변의 소중한 풍경들이 눈에 들어오는 것 아닐까?

광교역으로 돌아오는 길, 나는 다짐하였다. 다음 산행을 하기 전에는 반드시 지도를 보리라! 그리고 친구의 버섯 농장 일손도 꼭 돕겠노라고. 길 잃음의 미학을 깨달은 광교산 산행은 그렇게, 땀과 아쉬움, 그리고 작은 깨달음으로 마무리되었다.

2022년 3월, 검단산에 오르다: 미세먼지 속 뜻밖의 깨달음

경기도 하남시, 광주시 소재
해발 657m
산행일 2022. 3. 9.

산행코스 : 검단산 공영주차장-헬기장-검단산 정상-유길준 묘-베트남 참전 기념탑

 2022년 3월 9일 수요일, 이른 아침 검단산으로 향하였다. 아침 영하 3도, 한낮 영상 15도의 변덕스러운 날씨는 그렇다 쳐도, 뿌연 미세먼지가 야속하였다. 20대 대통령 선거일이라는 특별한 날, 동료와 함께 미세먼지를 뚫고 산행에 나섰다.

검단산 공영주차장을 출발해 현충탑을 지나 곱돌 약수터에 다다랐다. 서리 하얗게 내린 헬기장을 보니 늦겨울의 끝자락을 실감하게 하였다. 가쁜 숨을 몰아쉬며 오른 정상, 아쉽게도 풍경은 미세먼지에 갇혀 있어 볼 수가 없었다. 큰아들의 육군3사관학교 후배들의 무운장구를 빌고, 보이차 한 잔을 나누며 다음 산행지를 소백산과 월악산으로 점찍어 두었다. 유길준 묘역을 지나 베트남 참전 기념탑에 도착하여 3시간 30분의 산행은 막을 내렸다.

비록 미세먼지 탓에 탁 트인 조망은 즐기지 못했지만, 흐릿한 시야 덕분에 오히려 발밑의 작은 것들이 눈에 들어왔다. 돌계단 틈새의 산 동백나무 꽃망울, 밤나무 군락지의 알밤 생각. 가을에 다시 오면 알밤을 주울 수 있을까, 하는 엉뚱한 상상을 하며 피식 웃곤 하였다. 어쩌면 인생도 이와 같지 않을까? 때로는 선명하지 않은 시야 속에서 비로소 소소한 행복을 발견하게 되는 것 말이다.

남한산 17.5km, 시간을 걷다:
4년 만의 재회,
기억 위에 새겨진 발자국

서울시 송파구, 경기도 광주시 소재
해발 522m
산행일 2023. 2. 18.

산행코스 : 남한산성 보건진료소 입구- 벌봉-남한산 정상-남한산성 동문-검단산-갈마치 고개-섬말공원

　　2023년 2월의 어느 토요일, 내 마음은 새벽부터 설렘으로 가득했다. 마치 학창 시절 소풍 전 날처럼 잠 못 이루던 밤, 4년 만에 옛 직장 동료들과 남한산을 걷는다는 생각만으로도 가슴이 벅차올랐다. 비록 지하철 연착으로 시작부터 지각의 오명을 썼지만, 반가운 얼굴들을 마주한 순간 모든 미안함은 눈 녹듯 사라졌다. 역시, 사람은 정으로 사는가 보다.

추억의 길목에서 피어난 이야기꽃
아침 9시 25분, 남한산성 보건진료소 입구에서 우리는 비로소 대장정의 첫발을 내디뎠다. 세계유산 남한산성은 걷는 내내 수많은 이야깃거리를 건넸고, 우리는 그 속에서 역사와 우리 삶을 오갔다. 벌봉의 유래를 알아내고 군포지 터를 지날 땐 마치 조선 시대 병사가 된 듯 상상의 나래를 펼치기도 했다. 하지만 대부분의 시간은 옛 직장 동료들과의 끝없는 수다로 채워졌다. "그때 그 일 기억나?", "와, 벌써 4년 전이야?" 쉴 새 없이 오가는 대화 속에 불암성의 웅장함과 남장대터의 고즈넉함마저 스쳐 지나갔다. 망월사와 송암정에서는 잠시 숨을 고르며 인생의 오르막과 내리막을 논하기도 했는데, 발걸음만큼이나 깊어진 대화는 우리의 마음을 더욱 가깝게 만들었다.

길을 잃어야만 보이는, 삶의 숨겨진 풍경
남한산성 성곽길을 벗어나 검단산으로 향하는 길은 또 다른 모험의 시작이었다.

'지뢰 매설지역'이라는 살벌한 경고판에 잠시 주춤했지만, 이내 푸른 숲길이 우리를 감싸 안았다. 잠시 길을 잃어 군사 시설을 엿볼 뻔한 해프닝도 있었지만, 이내 검단산 정상에 올라 탁 트인 풍경을 마주했다. 문득, 삶도 결국 길을 헤매야만 새로운 풍경을 만나고 숨겨진 의미를 발견하는 것이 아닐까 생각하게 했다. 검단산을 지나 망덕산 정상에서 먹는 점심은 그야말로 꿀맛이었다. 땀 흘린 뒤 먹는 밥이 최고라는 것은 변치 않는 진리였다. 이배재 고개에서 성남시와 광주시의 경계를 넘나들고, 요골산을 지나 연지리의 신비로운 소나무 두 그루를 만났다. 갈마치 고개를 넘어 고불산에 도착했을 땐 이미 해가 기울고 있었지만, 오랜만에 느껴보는 성취감에 피곤함마저 잊었다.

완주, 그리고 다음 페이지를 꿈꾸며
17.5km, 5시간 35분. 결코 짧지 않은 여정이었지만, 조현욱 리더의 노련한 리

딩과 오우상 형님 덕분에 우리는 안전하고 즐겁게 완주할 수 있었다. 종일 흐린 날씨였지만, 옛 동료들과의 값진 추억으로 우리의 마음만은 맑고 화창했다. 몸은 지쳤지만, 지난 4년간 쌓였던 이야기보따리를 풀어내고 새로운 추억을 쌓은 덕분에 마음은 한결 가벼웠다. 다음 산행에서는 또 어떤 이야기가 우리를 기다릴까? 그 설렘을 가슴에 안고……

2023년 가을,
사패산-도봉산 연계 산행의
특별한 기억

서울시 도봉구/경기도 의정부시,
양주시 소재
해발 726m
산행일 2023. 10. 3.

산행코스 : 회룡탐방지원센터-사패능선-사패산-도봉산(신선대) 정상-마당바위-도봉탐방지원센터

    2023년 10월 3일 화요일, 맑고 바람 좋은 가을날, 조은산악회 창립기념 산행으로 사패산과 도봉산을 잇는 특별한 여정을 떠났다. 조은산악회 회원들과 함께한 이번 산행은 푸른 하늘 아래 더욱 빛났다.

오전 8시, 설렘을 안고 집을 나서 지하철 환승을 거쳐 회룡역 3번 출구에 도착하게 되었다. 이미 많은 산우들이 모여 반갑게 인사를 나누었고, 9시 정각, 드디어 산행의 시작을 알렸다. 호원초등학교와 직동근린공원을 지나 북한산국립공원 회룡탐방지원센터를 거쳐 회룡사에 도착한 시간은 9시 37분. 고즈넉한 사찰의 분위기가 마음을 차분하게 해주었다.

회룡사를 뒤로하고 사패능선을 향해 발걸음을 재촉하여 굽이진 능선을 따라 오르다 뒤돌아본 풍경은 그 자체로 한 폭의 그림 같았다. 또한, 가을 야생화가 길가에 피어 있어 눈을 즐겁게 해주었다. 10시 25분, 마침내 사패능선에 도착하여 탁 트인 조망을 만끽하게 되었다.

사패능선에서 포대능선 쉼터를 지나 신선대로 향하는 길은 도봉산의 웅장함을 제대로 느낄 수 있는 구간이었다. 점심 식사로 든든하게 배를 채우고, Y계곡 우회 탐방로를 따라 안전하게 이동하여 12시 38분, 도봉산 신선대에 올랐다. 이곳에서 잠시 휴식을 취하며 절경을 눈에 담았다.

신선대를 뒤로하고 하산을 시작하였다. 함께 오던 두 분의 산우는 오봉 방향으

로, 나는 원래 계획대로 우이암 방향으로 발길을 돌렸다. 홀로 걷는 길은 또 다른 운치를 선사했다. 험준한 산길을 지나 관음암에 도착한 시간은 13시 45분. 고요한 암자에서 잠시 쉬며 마음을 다스렸다.

이어진 마당바위에서는 많은 산우들이 쉬고 계셨다. 14시 15분, 마당바위 위에서 잠시 숨을 고르고 마지막 목적지인 천축사로 향했다. 14시 32분, 천축사에 도착하여 아름다운 사찰의 풍경을 감상하고, 도봉산탐방지원센터에 15시 5분에 도착하며 총 9.3km, 6시간 5분의 연계 산행을 성공적으로 마무리하였다.

안전한 산행을 이끌어주신 대장님과, 함께 땀 흘리며 즐거운 추억을 만들어준 조은산악회 산우들께 진심으로 감사드린다. 비록 하산 길에 함께하지 못하여 아쉬웠지만, 다음 산행에서는 더 오래 함께할 수 있길 바라며……

강화 마니산: 하늘에 닿는 기운, 그리고 육포의 맛

인천시 강화군 화도면 소재
해발 472.1m
산행일 2022. 2. 5.

산행코스 : 함허동천 주차장-참성단 중수비-마니산 정상-칠선녀 계단-함허동천 주차장

  2022년 2월 5일 토요일, 마니산 정상의 기운을 느끼기 위해 이른 새벽부터 길을 나섰다. 지난 소요산 산행 약속을 지키기 위해 함께 나선 동료와의 만남은 지하철 연착으로 10분 늦어졌지만, 그깟 10분이 대수랴. 강화로 향하는 차 안은 벌써부터 재잘거리는 추억들로 가득했다.

함허동천 주차장에서 몸을 풀고, 매표소를 지나 능선길로 접어들었다. 칠선녀 계단으로 이어지는 암릉 구간은 늦겨울 얼음이 남아있어 미끄러웠지만, 잘 정비된 등산로 덕분에 큰 어려움은 없어 보였다. 땀방울 송골송골 맺히는 오르막길을 한참 오르니, 드디어 참성단 중수비가 눈에 들어왔다. 그리고 마침내 10시 42분, 마니산 정상에 발을 디뎠다.

정상의 기운은 남달랐다. 단군왕검께서 하늘에 제사를 지내고, 중요한 국가 행사의 성화가 피어오르던 바로 그곳. 비록 보수 공사 중이라 참성단 안으로 들어갈 수는 없었지만, 그 앞에서 큰아들의 육군3사관학교 후배들의 무운장구를 빌며 마음을 다잡았다. 땀 흘려 오른 정상에서 동료와 나눠 먹는 육포는 그 어떤 산해진미보다 꿀맛이었다. "역시 산에서는 육포지!" 하는 감탄사가 절로 나왔다.

하산길, 칠선녀 계단을 다시 만났을 땐 다리가 아파왔지만, 올라올 때의 뿌듯함

과 신성한 기운이 발걸음을 가볍게 하였다. 계곡 길을 따라 함허동천의 유래를 새겨보고, 단군님 천명비를 지나 익숙한 매표소에 도착하니 어느덧 오후 1시 15분. 약 4시간 15분의 마니산 산행은 그렇게 마무리되었다.

이번 마니산 산행은 단순한 등반을 넘어선 경험이었다. 옛 동료와의 추억을 쌓고, 대한민국의 유구한 역사와 정신이 깃든 곳에서 맑은 기운을 받으니, 몸과 마음이 한결 정화되는 느낌이었다. 다음 산행은 또 어떤 기운과 재미를 선사할지, 벌써 기대가 된다.

경칩,
명지산에 오르다!

경기도 가평군 소재
해발 1,267m
산행일 2022. 3. 5.

산행코스 : 명지산생태전시관-승천사-명지폭포-명지산 정상-명지폭포-승천사-명지산생태전시관

가평 명지산, 2022년 3월 5일 토요일. 아침은 영하 4도, 낮은 영상 9도. 맑았지만 바람이 유난히 심하다. 문득 이런 날씨에도 기꺼이 산을 오르는 내 안의 어떤 충동에 대해 생각하게 되었다.

새벽 5시 30분, 따뜻한 물을 챙기고 배낭을 점검하였다. 경칩이자 20대 대통령 사전 투표 이틀째. 올림픽공원역으로 향하는 택시 안, 기사님은 대선 전망에 대해 이야기하셨다. "누가 될지 모르겠는데, 표 차이는 크지 않을 겁니다." 타임지 인터뷰 이야기도 덧붙이며 이재명 후보의 근소한 승리를 점쳤다. 하지만 곧 "참, 알 수 없죠!"라며 웃었다. 진흙탕 싸움이라 회자 되는 선거, 누가 되든 대한민국을 올바르게 이끌어주길 바라는 마음은 모두 같을 터. 그런 세파 속 이야기가 산행의 시작을 흥미롭게 물들였다.

올림픽공원역에서 일행의 차로 명지산 생태전시관까지 한 시간 반을 달렸다. 흐린 하늘과 미세먼지, 울진 산불 피해와 대선 이야기. 도시의 소란스러움이 산으로 향하는 길 위에서 서서히 옅어졌다. 8시 50분, 생태전시관을 뒤로하고 드디어 산행 시작. 승천사를 지나 명지폭포로 향하는 길은 돌로 된 등산로였다. 흙길보다 무릎에 부담이 컸지만, 자연의 굳건함 앞에선 그저 작은 불편함이었다. 하산객을 만나 사향봉 쪽 길의 결빙 상태를 묻자, 아이젠 착용을 권하는 솔직한 조언이 돌아왔다. 안전을 위해 과감히 계획을 변경, 올랐던 길로 다시 내려오기로 결정하였다. 유연함, 어쩌면 등산뿐 아니라 삶에도 필요한 미덕이 아닐까.

정상으로 향할수록 경사는 심해졌고, 결빙 구간은 더욱 잦아졌다. 하지만 명지산 정상을 향한 갈망은 심장의 박동을 더욱 격렬하게 만들었다. 호흡은 거칠어졌지만, 한 발 한 발 내딛는 걸음마다 내 안의 열정이 피어나는 듯하였다. 마침내 11시 52분, 명지산 정상에 섰다. 차가운 바람이 볼을 스쳤지만, 눈앞에 펼쳐진 풍경은 그 모든 고난을 보상하고도 남을 만큼 웅장했다. 멀리 화악산이 보이고, 주위는 온통 산맥의 파노라마였다. 그 순간, 복잡했던 세상의 모든 시름이 바람에 흩어지는 듯하였다.

하산 길은 올랐던 길을 되짚었다. 명지폭포에 다시 들러 아침에 미처 보지 못했던 비경을 만끽했다. 힘든 산행이었지만 안전하게 마무리할 수 있었음에 감사했다. 함께한 동료에게도 고마운 마음을 전하며, 다음 산행을 기약했다.

산은 항상 그 자리에서 우리를 기다린다. 오르고, 내려오며, 우리는 자연 속에서 자신을 돌아보고, 때로는 세상의 소음에서 벗어나 진정한 '나'를 만난다. 명지산에서의 하루는, 단지 산행이 아니라 삶의 한 조각을 다시금 채색하는 경험이었다.

장마 앞둔 백운산,
8개월 만의 성공!

경기도 포천군, 강원도 화천군 소재
해발 903.1m
산행일 2024. 6. 29.

산행코스 : 광덕고개-762봉-백운산 정상-백운1교-흥룡사-백운1곡관광지 관리사무소

    2024년 6월 29일 토요일, 장마가 오락가락하는 변덕스러운 날씨에도 불구하고 8개월 전 쌓인 눈 때문에 실패했던 백운산 재도전에 나섰다. 아침 5시, 일찍 일어나 산행 준비를 마치고 5시 20분, 집을 나섰다. 마을버스, 4호선, 2호선을 갈아타고 강변역 동서울터미널에 도착하니 6시 15분. 이른 시간부터 부지런히 움직였다.

6시 50분 출발 예정이던 버스는 승무원의 갑작스러운 배탈로 7분 늦게 출발했다. 우여곡절 끝에 버스는 구리, 내촌, 소학리 등 여러 정류장을 거쳐 광덕고개로 향했다. 승무원의 배려 덕분에 정류장이 아닌 광덕고개에 바로 하차할 수 있었고, 시계를 보니 8시 30분을 가리키고 있었다. 드디어 백운산 산행이 시작이었다.

백운산 정상, 한북정맥의 숨결을 느끼다

광덕고개에서 산행 준비를 마치고 8시 40분, 드디어 백운산을 향해 첫발을 내디뎠다. 경사진 계단을 오르자마자 나타나는

이정표들은 백운산 정상까지의 거리를 알려주며 힘을 북돋아 주었다. 능선을 따라 이동하니 시원한 바람이 불어와 걷는 즐거움을 더했다. 헬기장이 있는 쉼터를 지나 계속 나아가니, 한북정맥 이정표가 나타났다. 백운산으로 가는 능선이 한북정맥의 일부라는 사실에 괜스레 더 뿌듯해졌다. 이정표 간의 거리가 조금씩 상이하여 잠시 헷갈리기도 했지만, 굴하지 않고 묵묵히 올랐다. 10시 10분, 마침내 백운산 정상에 도착하였다! 지난겨울의 아쉬움을 날려버리는 순간이었다. 정상에서 바라보는 풍경은 그간의 피로를 잊게 할 만큼 아름다웠다.

흥룡사로 향하는 길, 지난 산행의 교훈

정상에서 간단히 허기진 배를 채우고 10시 36분, 흥룡사 방향으로 하산을 시작하였다. 쉼터에서 충분한 휴식을 취한 뒤 다시 발걸음을 옮겼다. 여러 이정표를 지나 봉래굴 갈림길을 만났을 때, 지난해 눈 때문에 포기해야 했던 봉래굴과 등산로가 떠올랐다. 그때는 정말 한 치 앞도 보이지 않는 눈길에 경사까지 심해서 너무 힘들었던 기억이 생생하다.

하산을 계속하며 백운2교와 팔각정, 백운1교를 지나 흥룡사에 도착하였다. 지난해 올랐던 등산로임을 알리는 안내판을 보니, 그때의 고생이 새삼스럽게 느껴졌다. 험난했던 겨울 산행과는 달리, 이번에는 비교적 수월하게 하산할 수 있었다. 12시 10분, 백운1곡 관광지 관리사무소에 도착하며 오늘의 산행을 마무리하게 되었다.

성공적인 마무리, 그리고 다음 목표를 향해

이번 백운산 산행은 지난해의 실패를 만회하는 성공적인 도전이었다. 맑은 날씨와 시원한 바람 덕분에 더욱 즐거운 산행이 될 수 있었다. 특히 험난했던 지난 산행을 통해 길을 찾는 어려움을 겪었던 경험이 이번 산행에 큰 도움이 되었다. 무엇보다 가장 감사한 것은, 긴 여정을 함께하며 안전하게 산행을 마무리할 수 있도록 곁을 지켜준 아내의 존재이다. 앞으로 남은 산행은 100대 명산 마지막 목표인 한라산이다. 민족의 명산 한라산을 오르며 한국의 산하 100대 명산 완등이라는 대장정을 마무리할 생각에 벌써부터 가슴이 벅차오른다.

북한산 숨은 벽,
운무 속에서 찾은 신선의 기운

서울시 도봉구, 은평구 / 경기도 고양시 소재
해발 836m
산행일 2022. 6. 18.

산행코스 : 국사당-숨은 벽-북한산(백운대) 정상-백운봉 암문-하루재-백운대탐방지원센터

    2022년 6월 18일 토요일, 아침부터 흐린 날씨였지만 북한산 숨은 벽을 향한 발걸음은 설렘으로 가득하였다. 갑작스러운 아들 휴가로 지리산 계획을 취소하고 택한 조은산악회와의 번개산행. 덕분에 평소라면 경험하기 어려웠을 숨은 절경을 만날 수 있었다.
오전 12시, 급하게 집을 나섰지만 지하철 환승 실수가 발목을 잡았다. 구파발행 열차를 반대 방향으로 타는 바람에 약속 시간보다 늦게 구파발역 2번 출구에 도착하게 되었다. 이미 산행을 시작했을 안재운 형님께 먼저 출발하시라 연락했지만, 기다리고 계신다는 말에 미안함과 고마움이 교차했다.

13시 52분, 부랴부랴 국사당(밤골매표소) 입구에 도착하니, 산우들이 모두 기다리고 있었다. 죄송한 마음에 얼굴이 화끈거렸지만, 따뜻하게 맞아주시는 분위기에 금세 마음이 풀렸다. 13시 59분, 효자길 구간 이정표를 시작으로 본격적인 산행이 시작되었다. 시냇물을 건너듯 돌계단을 밟고 오르는 길은 마치 옛 시골 풍경을 걷는 듯 정겨웠다.

사기막공원지킴터와 백운대 갈림길을 지나 숨은 벽 안전 쉼터에서 잠시 숨을 고르고, 짙은 운무와 바람이 어우러져 신비로운 분위기를 자아냈지만, 끝없이 이어지는 계단은 만만치 않았다. 하지만 해골바위와 바나나 바위를 지나며 펼쳐지는 독특한 암릉 풍경은 그 모든 힘듦을 잊게 했다. 특히 숨은 벽의 웅장한 자태는

감탄을 넘어 경외감을 느끼게 할 정도였다.

17시 28분, 마침내 북한산 백운대 정상에 섰다. 운무에 휩싸인 정상은 그야말로 '신선놀음' 그 자체였다. 마치 내가 신선이라도 된 듯한 착각에 빠질 만큼 황홀했다. 큰아들의 육군3사관학교 후배들의 무운장구를 기원하며 잠시 상념에 잠겼다.

하산은 백운봉 암문을 거쳐 백운대탐방지원센터 방향으로 결정했다. 계곡을 따라 내려오는 길 역시 운무와 어우러져 몽환적인 분위기를 연출했다. 18시 49분, 총 6.2km, 4시간 57분의 산행을 마치고 백운대탐방지원센터에 도착하게 되었다.

늦은 합류에도 불구하고 따뜻하게 맞아주고 안전하게 리딩해 주신 안재운 형님과 함께 즐거운 산행을 만들어준 조은산악회 회원들께 진심으로 감사드린다. 북한산 숨은 벽에서 운무가 선사한 특별한 경험은 오랫동안 잊지 못할 '조은' 추억으로 남을 것이다.

불암산: 2024년의 마지막을 장식한 '조은' 추억

서울시 노원구/ 경기도 남양주시, 의정부시 소재
해발 508m
산행일 2024. 12. 27.

산행코스 : 상계역-연인 바위-406봉-다람쥐 광장-불암산 정상-불암산 전망대-상계역

    2024년 12월 27일 월요일, 영하 6도의 칼바람도 불암산을 향하는 우리 조은산악회의 열정은 꺾지 못했다. 올해 여러 번의 공지에도 번번이 불참했던 아쉬움을 털어내듯, 늦잠도 마다하고 상계역 1번 출구에 모인 우리. 등반대장의 든든한 리드 아래 김명수, 노현옥, 양경진, 김은자님까지, 5인의 특공대는 12시 30분, 드디어 불암산 등정의 첫걸음을 내디뎠다.
넓은 마당을 지나 철쭉 동산 전망대에 서니, 쨍한 겨울 햇살 아래 서울이 한눈에 들어온다. "이야, 이 맛에 산에 오지!" 절로 탄성이 터져 나왔다. 칠성암 입구와 작은 채석장을 거치며 오를수록 기암괴석들은 저마다의 이야기를 들려주는 듯하였다. 특히 연인 바위를 지날 땐, 문득 옆 사람을 돌아보게 되는 묘한 기분도 들었다.

오후 3시, 마침내 508m 불암산 정상에 올랐다. 차가운 바람이 땀으로 축축한 등줄기를 식혀줬지만, 정상에서 바라본 풍경은 그 어떤 추위도 잊게 할 만큼 장엄하였다. 쥐 바위, 거북 바위 등 바위마다 얽힌 이야기에 귀 기울이며 잠시 신선놀음을 즐겼다.

하산 길은 또 다른 풍경을 선사하였다. 굽이진 불암산성을 따라 내려오다 만난 공룡 바위는 과연 명성 그대로 압도적이었다. 서울 둘레길을 따라 걷는 동안,

10.2km의 거리가 4시간 45분 만에 사라지는 마법을 경험했다. 17시 15분, 다시 상계역 1번 출구에 도착하며 2024년의 마지막 산행은 성공적으로 마무리하게 되었다.

이 모든 여정이 안전하고 즐거울 수 있었던 것은 등반대장의 세심한 리더십과 유쾌한 산우들 덕분인 듯하다. 산행은 그저 걷는 것을 넘어, 함께 땀 흘리고 웃으며 잊지 못할 추억을 만드는 과정임을 다시 한 번 깨닫게 되었다. 불암산에서의 이 좋은 기운을 받아, 다가오는 2025년에도 힘찬 발걸음으로 산을 오를 날을 기대해 본다.

2024년을 마무리하며 다녀온 수락산

서울시 노원구/ 경기도 남양주시,
의정부시 소재
해발 637m
산행일 2024. 12. 30.

산행코스 : 불암역-마당바위-소리 바위-홈통 바위-수락산-책가방 바위-매월정-수락산역

    2024년 12월 30일 월요일, 달력은 마지막 한 장을 남기고 있었다. 아침 기온 영하 1도, 흐린 하늘 아래 수락산으로 향하는 발걸음은 가볍고 설레였다. 청룡의 해를 보내고 푸른 뱀의 해를 맞이할 준비. 조은산악회와의 올해 마지막 산행은 그 자체로 의미가 깊었다. 오랜만에 함께하는 산우들을 불암산역(구 당고개역) 1번 출구에서 만나니, 반가움에 추위도 잊혔다.

오전 9시 7분, 버스에서 내려 수락산 등산로 입구에 섰다. 전날 내린 싸락눈 덕분에 아쉽게 기차바위는 다음으로 미루고 마당바위로 향했다. 웅장한 바위들을 지나 사기막 고개에 다다르니, 본격적인 능선 산행이 시작되었다. 향로봉의 신비로운 모습, 소리바위와 영락대, 칠성대를 지날 때마다 터져 나오는 감탄사. 대슬랩 구간의 아찔함마저 짜릿한 추억이 되었다. 홈통바위와 608봉을 거쳐 헬기장에 섰을 땐 이미 정상의 기운이 온몸을 감쌌다. 마침내 11시 55분, 수락산 정상에 우뚝 서니 발아래 펼쳐진 풍경에 땀방울이 시원하게 식혀졌다.

정상에서의 기쁨도 잠시, 폐업 산장에서 조은 산우들과 간식을 나누며 짧은 휴식을 취했다. 12시 40분, 다시 하산을 시작하며 수락산의 숨겨진 보석들을 만났다. 철모바위, 책가방 바위, 의자바위 등 기기묘묘한 바위들은 저마다의 이야기를 들려주는 듯하였다. 매월정에서 잠시 쉬고, 개울골을 따라 수락산역으로 향하는 길. 8.2km의 거리가 5시간 12분 만에 쏜살같이 지나갔다. 14시 30분,

수락산역에 도착하며 2024년의 마지막 산행은 성공적으로 마무리하게 되었다.

이 모든 여정을 안전하게 이끌어주신 등반대장님과 함께 땀 흘리고 웃어준 조은 산악회 회원들께 진심으로 감사드린다. 산은 우리에게 단순히 풍경만을 선사하는 것이 아니다. 함께하는 이들과의 소중한 추억, 그리고 새로운 한 해를 맞이할 힘찬 에너지를 선물해 준다. 수락산에서 얻은 이 좋은 기운으로, 다가올 2025년에도 힘찬 발걸음으로 산을 오를 날을 기대해 본다.

추신: 어제 발생한 무안 여객기 참사 유가족들에게 깊은 애도를 표해 본다.

수리산
부부 동반 산행기

경기도 군포시, 안산시, 안양시 소재
해발 489m
산행일 2022. 8. 27.

산행코스 : 명학역-성결대학교-관모봉-수리산(태을봉)-슬기봉-철쭉 동산-수리산역

   2022년 8월 27일 토요일, 맑고 쾌청한 가을 날씨 속에서 수리산 산행에 나섰다. 아침 7시부터 분주하게 준비하여 8시 5분, 집을 나서 마을버스와 지하철 환승, 1호선 명학역에 도착한 시각은 10시 5분. 이번 산행은 100대 명산 중 하나인 수리산을 오랜만에 부부가 함께 오르는 특별한 날이었다.

명학역 1번 출구를 나와 성결대학교 방향으로 10여 분 이동하자 정문이 보였지만, 등산객은 보이지 않았다. 학교 우측 성문고등학교 입구에서 흐릿한 등산로를 발견하고 10시 25분 드디어 산행을 시작하게 되었다. 계단을 오르고 이정표를 따라 걷다 보니, 10시 40분에는 관모봉 543m 이정표에 다다랐다. 주위 경치를 감상하며 천천히 발걸음을 옮긴 끝에 11시 26분, 드디어 관모봉 정상에 올랐다.

관모봉에서 잠시 간식을 먹으며 휴식을 취한 후, 11시 47분 태을봉 방향으로 향하였다. 능선길을 따라 18분 더 걸어 12시 5분, 수리산 태을봉 정상에 도착하였다. 정상석을 바라보니 엉뚱하게도 애니메이션 '라바'가 떠올라 피식 웃음이 나왔다. 태을봉을 뒤로하고 10분쯤 걷자 병풍바위가 나타났고, 이곳에서 잠시 숨을 돌렸다. 병풍바위부터는 바위가 많은 능선길이라 조심스럽게 발걸음을 옮겼다.

계속해서 능선 길을 따라 30분을 더 걸어 12시 47분, 슬기봉과 수도사업소 그리고 태을봉 갈림길 이정표에 도착하게 되었다. 이곳에서 38분 더 이동하여 13시

25분, 슬기 쉼터에 다다랐다. 슬기봉은 군부대 때문에 아쉽게도 오르지 못하고, 능선을 따라 이동하여 13시 53분 수리산역 2.6km 갈림길 이정표를 만났다. 이 정표를 뒤로하고 10여 분 더 걸어 14시 10분, 군포 중앙도서관에 도착하게 되었다. 도서관을 지나 우측 길을 따라 20분 정도 내려가자 14시 30분, 아름다운 철쭉 동산 입구가 나타났다. 철쭉 동산을 가로질러 7분 더 걸어 14시 35분, 오늘의 목적지인 수리산역에 도착하며 산행을 마무리하게 되었다.

이번 산행은 둘째 아들 군대 이야기부터 첫째 아들 이야기, 앞으로의 인생 계획, 그리고 힘들었던 서울 생활 등 함께 했던 많은 이야기를 나누며 안전하게 걸을 수 있어 더욱 뜻깊었다. 다음에도 기회가 된다면 함께 근교 산행을 즐기기로 약속하며, 즐거웠던 수리산 산행을 마쳐 본다.

겨울 소요산, 고독과 성찰의 시간을 걷다

경기도 동두천시, 포천시 소재
해발 587m
산행일 2022. 2. 5.

산행코스 : 일주문-자재암-하백운대-칼바위능선-소요산(의상대) 정상-공주봉-일주문

산에 오르는 행위는 단순히 정상을 등정하는 것이 아니다. 그것은 세상의 소음에서 벗어나 내면의 소리에 귀 기울이는 시간이다. 때로는 숨 가쁜 오르막에서 겸손을 배우고, 때로는 탁 트인 경치에서 삶의 덧없음과 아름다움을 동시에 느낀다. 산은 우리 삶의 축소판과 같아서 힘든 고비를 넘으면 새로운 풍경이 펼쳐지듯, 우리에게 삶의 지혜를 가르쳐준다. 2022년 2월 5일, 영하 12도의 맹추위가 기승을 부리던 날, 나는 겨울의 깊이를 온전히 느끼고자 홀로 경기도 동두천의 소요산을 찾았다.

원효대사의 발자취를 따라, 고요 속으로

오전 9시, 소요산역에 도착해 산행의 출발점인 일주문으로 향했다. 한겨울이라 등산객이 많지 않아 고요함이 나를 감쌌다. 원효대사가 수행했다는 원효굴을 지나 자재암으로 향하는 길은 108계단으로 시작되었다. 한 계단씩 오를 때마다 잡념이 사라지고 마음이 정화되는 듯했다. 계단 끝에 다다르자 고즈넉한 자재암의 풍경이 펼쳐졌고, 차가운 겨울 공기마저 따스하게 느껴졌다.

고독한 봉우리, 겨울 산의 진면목을 마주하다

자재암을 뒤로하고 하백운대로 향했다. 능선을 따라 이어지는 길은 눈 덮인 봉우리들의 아름다운 파노라마를 선물해 주었다. 중백운대와 상백운대를 지나자 소요산의 웅장함이 느껴지기 시작했다. 하이라이트는 칼바위 능선이었다. 거센 바

람이 불었지만, 깎아지른 듯한 날카로운 바위 능선은 겨울 산의 거친 매력을 온 몸으로 보여주었다. 그 아찔한 비경을 놓칠 수 없어 카메라에 담았다.
숨 가쁜 계단을 올라 마침내 소요산 의상대 정상에 섰다. 오전 11시 59분, 탁 트인 시야는 그간의 고단함을 잊게 할 만큼 벅찬 감동을 안겨주었다. 북한산 사모바위를 닮은 공주봉의 사모바위를 지나 다시 계단을 오르니 공주봉이 모습을 드러났다. 이곳에서 바라보는 풍경 또한 절경이었다.

넘어져도 괜찮아, 다음을 기약하며
하산 길은 구절터 방향으로 잡았다. 눈이 얼어 경사가 가파르고 미끄러웠다. 조심스레 내려오다 그만 엉덩방아를 찧는 아찔한 순간도 있었지만, 다행히 큰 부상 없이 무사히 산행을 마무리할 수 있었다. 산이 주는 교훈은 늘 그렇다. 방심은 금물. 오후 1시 16분, 처음 출발했던 일주문으로 돌아와 산행을 마쳤다. 홀로 떠난 겨울 산행이었지만, 그만큼 깊은 성찰과 자연의 위대함을 온전히 느낄 수 있었다. 차가운 바람 속에서도 묵묵히 제자리를 지키는 산처럼, 나 또한 굳건히 내 길을 걸어가리라 다짐해 본다. 다음 산행은 또 어떤 깨달음을 줄지, 벌써부터 일주일간의 행복한 고민이 시작된다.

빗방울 속으로 걸어 들어간 용문산:
기억 위에 새겨진 초록빛 위로

경기도 양평군 용문면 소재
해발 1,157m
산행일 2021. 8. 1.

산행코스 : 용문사-마당바위-용문산 정상-암릉-용문사

빗방울 속으로 걸어 들어간 용문산, 기억 위에 새겨진 초록빛 위로
2021년 8월의 첫 일요일, 흐리고 비 예보가 있던 그날, 저는 용문산을 찾았다. 후덥지근한 공기 속에서도 산을 향한 간절한 마음은 빗방울보다 먼저 제게 스며들었다. 비록 설악산 공룡능선을 향한 꿈은 잠시 미뤄야 했지만, 빗속에서도 굴하지 않는 열정으로 동료와 함께 용문산으로 향했다. 새벽 4시 30분, 배낭을 메고 집을 나서던 순간, 공기 속에 섞인 비 냄새는 나를 더 깊은 곳으로 이끌었다.

천년의 고요, 빗속에서 더 깊어진 만남
오전 6시 30분, 용문사로 향하는 첫 발걸음을 뗐다. 주차장에서 20분쯤 걸으니 용문사 은행나무 갈림길이 나왔고, 흔들다리를 건너 마침내 용문사 은행나무를 마주했다. 높이 42m, 수령 1,100년으로 추정되는 이 나무는 천연기념물 제30호로, 원효대사, 마의태자 등과 얽힌 흥미로운 이야기를 품고 있다. 비 내리는 날씨 속에서 더욱 신비롭고 고요하게 다가온 은행나무는, 빗물에 젖어 짙어진 초록빛으로 천년의 지혜를 속삭이는 듯했다. 그 웅장함과 세월의 깊이는 비 오는 날의 용문산에서만 느낄 수 있는 특별한 감동으로 다가왔다.

빗방울이 새긴 용문산의 숨결, 그리고 내 안의 풍경
은행나무의 경이로움을 뒤로하고 마당바위까지는 50여 분간 계곡을 따라 오르내렸다. 짧은 휴식 후, 용문산 정상으로 향하는 길은 경사가 급한 너덜지대라

체력 소모가 컸다. 1시간 20분을 더 올라 오전 9시 25분, 마침내 용문산 정상에 도착했다. 정상은 좁았지만, 그곳에서 잠시 숨을 고르며 산이 주는 고요를 만끽했다.

이후 암릉을 따라 조심스럽게 이동하며 하산 길에 접어들었다. 흐린 하늘에서 한두 방울씩 떨어지던 빗방울은 점차 굵어졌고, 차가운 빗물이 얼굴을 스치자 오히려 정신이 맑아지는 기분이 들었다. 발아래 젖은 흙길과 빗물에 씻긴 나뭇잎들이 더욱 선명하게 다가왔다. 비를 맞으며 천천히 걸어, 오후 12시 35분, 용문사 주차장에 도착하며 6시간 15분간의 산행을 마무리하게 되었다.

비록 몸은 빗물에 젖고 지쳤지만, 용문산의 아름다운 풍경과 천년 은행나무의 위엄을 온전히 느낄 수 있었던 의미 있는 산행이었다. 빗방울이 촉촉이 내려앉은 용문산은 단순히 산을 넘는 것을 넘어, 제 안에 새로운 풍경과 위로를 새겨주었다. 함께 안전하게 산행을 마무리할 수 있도록 힘이 되어준 동료에게도 깊은 감사를 전해 본다.

운악산: 늦잠이 준 선물,
햇살 먹은 아침

경기도 가평군, 포천시 소재
해발 937.5m
산행일 2023. 2. 11.

산행코스 : 하판리 안내소-백호 능선-운악산 정상-청룡 능선-하판리 안내소

늦잠은 죄가 아니었다. 푹 잠든 일요일 아침, 알람 소리도 무시한 채 이불 속에서 뒹굴었다. 눈을 뜨니 창문 가득 햇살이 쏟아져 들어온다. 평소 같았으면 서둘러 하루를 시작했을 시간, 오늘은 이 황금빛 게으름을 만끽하기로 했다. 세상의 모든 알림은 잠시 멈춤. 오직 나에게 집중하는 시간. 문득 깨달았다. 바쁜 일상 속에서 우리는 얼마나 많은 '진짜 아침'을 놓치고 있었을까? 늦잠은 나에게 잃어버렸던 아침의 여유와 고요함을 되찾아주었다.

몸이 보낸 신호, 운악산이 답하다
2023년 2월 11일 토요일, 지난주 산행을 포기하게 만든 체력 저하와 복통. 몸이 보내는 신호에 귀 기울여, 근력과 체력 점검 차 운악산을 찾았다. 7시 10분, 집을 나서 대성리역으로 향하는 길. 경춘선 차창 밖 풍경은 흐릿했지만, 산행에 대한 기대감만은 선명했다. 예상치 못한 복병은 버스 시간이었다. 사전에 확인하지 못한 탓에 1시간을 기다려야 했다. 덕분에 대성리역 건너편 찐빵 가게에서 늦은 아침을 해결하는 뜻밖의 여유를 가졌다. 11시 25분, 운악산 현등사 입구에서 오늘의 여정을 시작했다.

백호 능선 따라, 기암괴석의 향연
하판리 안내소를 뒤로하고 10분 만에 현등사 일주문에 도착했다. 우리는 운악산의 빼어난 풍경을 자랑하는 백호 능선 코스를 택했다. 굽이굽이 이어지는 능선

길은 예상보다 가팔랐지만, 곳곳에 펼쳐지는 기암괴석들은 힘든 줄도 모르게 했다. 고인돌 바위를 지나니 능선 길은 더욱 험해졌지만, 그만큼 비경도 이어졌지요. 남근 바위는 웃음을 자아냈고, 병풍처럼 둘러싸인 바위들은 압도적인 풍광을 선사했다. 오르락내리락 반복되는 길을 걸어 오후 2시 30분, 마침내 운악산 정상에 도착했다. 경기도 가평군과 포천시의 경계에 걸쳐 있는 운악산, 그 위용이 대단했다.

청룡 능선의 절경, 그리고 현등사의 평온

정상을 뒤로하고 청룡 능선으로 하산을 시작했다. 빙판길과 암벽이 많아 조심스러웠지만, 그만큼 빼어난 경치가 발걸음을 멈추게 했다. 만경대에 도착해 잠시 숨을 고르니, 눈 덮인 바위들이 만들어내는 비경은 감탄사를 자아내기에 충분했다. 덧버선 모양 바위, 미륵바위, 병풍바위를 지나 현등사에 들렀다. 고즈

넉한 산사의 분위기는 경건한 마음을 불러일으켰다. 불전함에 마음을 전하고 초격스님의 책 "행복은 빈 곳으로 찾아 든다"를 가져와 마음의 위안을 얻고 싶었다. 현등사를 뒤로하고 오후 5시 25분, 하판리 안내소에 도착하며 오늘의 산행을 마무리했다.

불편함 속에서 찾은 행복
이번 운악산 산행은 시작부터 몸 상태가 좋지 않았고, 버스 시간을 제대로 확인하지 못해 오랜 기다림을 겪기도 했다. 하지만 덕분에 아내와 함께 맛있는 찐빵을 먹는 등 소박하지만 행복한 시간을 보낼 수 있었다. 무엇보다 힘든 몸을 이끌고 정상에 올라 빼어난 풍경을 만끽할 수 있었던 점, 그리고 부부가 함께 산행하며 소통할 수 있었던 점이 감사했다.
운악산, 고맙습니다.

유명산: 추억과 다람쥐가 함께한 힐링 산행

경기도 가평군, 양평군 소재
해발 862m
산행일 2023. 4. 30.

산행코스 : 유명산 주차장-박쥐소-용소-마당소-유명산 정상-데크길-유명산 주차장

    2023년 4월의 화창한 일요일, 20년 전 오리엔티어링 대회 실기 시험을 치렀던 유명산을 다시 찾았다. 조은산악회 산우들과 함께하는 산행 공지에 홀린 듯 신청하게 되었다. 새벽잠을 설쳐가며 잠실역에서 7002번 버스에 몸을 싣자, 1시간 만에 유명산의 푸른 기운이 나를 맞았다.

계곡의 속삭임과 다람쥐의 환영

유명산 주차장에서 산행 준비를 마치고 계곡 길로 들어섰다. 박쥐소와 용소를 지나며 듣는 계곡물 소리는 마치 유명산이 건네는 환영 인사 같았다. 자연이 빚어낸 그림 같은 풍경에 취해 걷다 보니, 작은 다람쥐 가족이 우리를 반긴다. 갓 태어난 듯 엉금엉금 기어가는 아기 다람쥐의 모습에 모두가 웃음을 터뜨렸고, 힘든 오르막길

의 피로도 사르르 녹아내렸다. 역시 자연은 예측 불가능한 선물을 준다.

정상에서의 만찬, 그리고 아쉬운 작별
10시 42분, 드디어 유명산 정상에 섰다. 시원한 바람이 땀을 식혀주고, 탁 트인 풍경이 가슴을 뻥 뚫어주었다. 산우들과 정성껏 싸 온 음식을 나눠 먹으며 정상에서의 만찬을 즐겼다. 이런저런 이야기에 웃음꽃을 피우다 보니, 시간은 정말이지 쏜살같이 흘러갔다. 11시 51분, 아쉬움을 뒤로하고 하산을 시작했다. 내려오는 길 또한 아름다웠다. 유명산자연휴양림의 푸른 숲과 계곡은 또 다른 매력으로 작별 인사를 건넸다. 오후 1시 45분, 약 8km, 5시간 15분의 산행을 마무리하며 주차장에 도착하게 되었다.

이번 유명산 산행은 단순히 산을 오르는 것을 넘어, 추억을 되새기고 새로운 인연들과 함께 자연 속에서 힐링하는 시간이었다. 안전하게 산행을 이끌어준 등반대장님과 즐거운 시간을 함께한 산우들께 진심으로 감사드린다. 다음 산행은 또 어떤 아름다운 풍경과 추억을 선물할까? 벌써부터 기대가 된다.

연인산에서
사랑을 만나다!

경기도 가평군 가평읍, 북면 소재
해발 1,068m
산행일 2022. 12. 31.

산행코스 : 백둔리 시설지구 제1주차장-소망능선-연인산 정상-장수능선-백둔리 시설지구 제1주차장

    2022년 12월 31일, 매서운 한파와 흐린 하늘이 궂은 날씨였지만, 저는 특별한 산행을 위해 연인산으로 향했다. 올 한 해를 마무리하는 산행이자, 뜻밖의 동료들과 함께하는 여정이었다. 상봉역에서 만나 차량으로 백둔리 시설지구 제1주차장까지 이동하는 동안, 지난 산행 에피소드를 나누며 웃음꽃을 피웠다.

소망 능선, 얼음 동굴의 신비

9시 35분, 영하 13도의 강추위 속에서도 설렘을 안고 소망 능선으로 출발했다. 소망 철쭉 터널 안내판을 지나 걷는 길은 마치 겨울 왕국에 온 듯했다. 특히 얼음 동굴을 만났을 때는 탄성이 절로 나왔다. 자연이 빚어낸 거대한 얼음 작품 앞에서 추위도 잊은 채 한참을 머물렀다. 조릿대 군락지를 지나 걷는 동안, 연인산의 야생화 안내판을 보며 봄날의 풍경을 상상해 보기도 했다.

11시 20분, 드디어 연인산 정상에 도착했다! 바람은 차가웠지만, 눈 덮인 연인산의 고요하고 웅장한 풍경은 모든 것을 감싸 안는 듯했다. 서로의 안녕을 빌고, 2022년의 마지막 순간을 연인산 정상에서 맞이하는 특별한 경험을 만끽했다.

장수 능선, 하산 길의 낭만

11시 29분, 아쉬움을 뒤로하고 장수 능선으로 하산을 시작했다. 올라올 때와는 또 다른 풍경이 펼쳐졌다. 장수봉을 지나 장수 철쭉 터널 안내판을 만났을 때는 봄날 만개할 철쭉을 상상하며 다음을 기약했다. 송악산 정상에서는 따뜻한 전투

식량과 국, 그리고 달달한 커피 한 잔으로 언 몸을 녹이며 잠시 휴식을 취했다.

경사진 능선 길을 따라 걷는 동안, 3김씨(저와 두 동료)의 유쾌한 수다는 끊이지 않았다. 2022년의 마지막 산행을 안전하고 즐겁게 마무리할 수 있었음에 감사하게 생각하며, 백둔리 시설지구 제1주차장에 도착하니 13시 50분, 총 4시간 15분의 산행이 끝이 났다.

이번 연인산 산행은 단순한 등반을 넘어, 소중한 사람들과 함께 잊지 못할 추억을 만들고 2022년을 아름답게 마무리하는 의미 있는 시간이었다. 차가운 날씨에도 불구하고 함께 웃고 이야기하며 걸었던 모든 순간이 따뜻한 기억으로 남을 것이다.

천마산,
사계절의 감성을 담다

경기도 남양주시 소재
해발 812m
산행일 2022. 2. 28.

산행코스 : 천마산 관리사무소-뾰족봉-805봉-천마산 정상-805봉-뾰족봉-천마산 관리사무소

여름비, 창밖의 명상

창밖은 온통 회색빛이다. 아침부터 시작된 여름비는 그칠 줄 모르고, 빗방울은 창문을 두드리다 미끄러져 내린다. 투명한 유리창에 그려지는 수많은 물줄기가 마치 흐릿한 수묵화 같다. 이런 날은 무언가를 '해야 한다'는 강박에서 벗어나, 그저 빗소리에 귀 기울이는 것만으로도 충분하다. 빗소리는 경쾌하게 '톡, 톡' 창문을 두드리고, 어떤 빗방울은 굵직하게 '주르륵' 흘러내린다. 세상의 모든 소란을 잠재우려는 듯, 쉼 없이 이어지는 물의 노래는 그 자체로 명상이 된다.

따뜻한 차 한 잔을 곁들여 앉았다. 빗방울이 마른 대지를 적시듯 메말랐던 내 안의 감성도 촉촉하게 채워지는 느낌이다. 비는 때론 계획을 망치지만, 이렇게 가만히 바라보고 있으면 그마저도 삶의 한 부분임을 깨닫게 한다. 모든 것이 완벽할 필요는 없다는 듯, 비는 그저 제 할 일을 묵묵히 하고 있을 뿐이다. 언젠가 이 비가 그치면 세상은 한층 더 푸르게 빛날 것이다. 젖어 있는 창밖 풍경처럼, 내 마음도 촉촉이 젖어 평온하다.

겨울 안개, 상고대의 마법을 만나다

2022년 2월 26일, 짙은 안개 속에서 천마산 산행을 시작했다. 70%의 비 예보가 있었지만, 비장한 마음으로 배낭을 챙겼다. 천마산관리사무소에서 첫발을 내디딘 후, 짙은 안개 속에서 잘 정비된 등산로를 따라 올랐다. 깔딱 고개를 지나 뾰

족봉이 모습을 드러냈을 때, 운무가 한 폭의 동양화처럼 펼쳐져 있다.

이때부터 날씨는 더욱 추워지고 바람이 세차게 불기 시작했다. 이슬비가 내리는가 싶더니, 거짓말처럼 나뭇가지마다 상고대가 피어오르기 시작했다. 한 치 앞도 보이지 않던 뿌연 세상이 순식간에 하얀 꽃들로 뒤덮인 환상의 세계로 변했다. 카메라 셔터를 누르기 바빴다. 805봉으로 오르는 마지막 계단은 마치 겨울 왕국으로 통하는 문 같았다. 마침내 천마산 정상에 섰을 때 정상은 온통 새하얀 상고대로 뒤덮여 있었다. 추위도 잊은 채 상고대의 마법 같은 풍경에 넋을 잃었다.

예상치 못한 상고대라는 선물을 받은 하루였다. 자연이 선사하는 경이로운 순간을 직접 눈으로 보고 카메라에 담을 수 있어 오래 기억에 남을 산행이 될 것이다. 궂은 날씨 속에서도 아름다움을 선사하는 천마산의 매력을 잊지 못할 것 같다.

옻닭이 이끈 청계산, 부부 동반 소통의 길

서울시 서초구/ 경기도 과천시,
의왕시, 성남시 소재
해발 582.5m
산행일 2022. 2. 6.

산행코스 : 대공원역-청계산 매봉(과천 매봉) 정상-만경대-청계산 매봉(서초 매봉) 정상-청계산 원터골 입구

2022년 2월 6일 일요일. 전날 옻닭 한 그릇이 불러온 즉흥 산행이었다. 안재운 형님 부부와 우리 부부, 네 사람이 함께 청계산에 오르기로 했다. 아침 9시 30분, 집을 나서며 배낭과 간식을 챙겼다. 혹시나 하는 마음에 지하철에서 형님 부부를 찾았는데, 아니나 다를까 같은 지하철에 몸을 싣고 계셨다. 사당에서 환승했다는 말씀에 웃음이 터졌다. 10시 34분, 대공원역 2번 출구에서 만나니 괜스레 반가움이 더했다.

과천 매봉, 그리고 청계산의 숨은 이야기

대공원역을 출발해 과천저수지를 끼고 도는 길은 시작부터 상쾌하였다. 호숫가 전망 좋은 길을 따라 걷다 외곽순환도로 능선에 오르니, 도시와 자연이 공존하는 풍경이 펼쳐졌다. 국립과천과학관 갈림길을 지나 매봉1약수터에서 잠시 숨을 돌리며 간식을 나누어 먹었다. 11시 51분, 드디어 청계산 매봉(과천 매봉) 정상에 섰다. 맑은 날씨 덕에 주위 풍경이 한눈에 들어왔다.
매봉을 뒤로하고 응봉을 지나 절고개에 도착했다. 이곳에는 청계산의 전설이 담긴 안내판이 있었는데, 산이 가진 이야기는 늘 흥미롭다. 이수봉 갈림길을 지나 넓은 공간에서 점심 식사를 하였다. 만경대로 향하는 길에 군부대 인근 임도를 만났는데, 잘못하면 엉뚱한 곳으로 갈 뻔하기도 하였다. 이정표가 없는 곳에선 늘 주의해야 하는 법. 14시 3분, 우여곡절 끝에 만경대 표지석을 만났다. 군부대 때문에 출입이 어렵다는 아쉬움을 뒤로하고 청계산 매봉(서울 매봉)으로 향했다.

매바위의 기개, 충혼비의 숙연함

14시 26분, 드디어 청계산 매봉(서초 매봉) 정상에 올랐다. 매봉 정상에서 바라보는 풍경은 가슴을 탁 트이게 했다. 함께 오른 안재운 형님 부부와 우리 부부, 네 명의 모습이 한 폭의 그림 같았다. 정상에서의 뿌듯함은 잠시, 몇 분 걷지 않아 매바위에 도착했다. 그 기개가 느껴지는 바위 앞에서 잠시 멈췄다.

이어 만난 충혼비는 산행의 분위기를 숙연하게 만들었다. 특전사 공수 기본 교육 중 발생한 비극적인 사고로 희생된 교관과 대원, 공군 부대원들을 추모하는 비석이었다. 장교의 부모로서 그들의 넋을 기리며 애도의 마음을 전했다. 산은 때로는 아름다운 풍경을, 때로는 아픈 역사를 마주하게 하는구나 싶었다.

소통의 즐거움, 다음을 기약하며

충혼비를 뒤로하고 하산 길에 접어들었다. 원터골 쉼터 갈림길을 지나 돌탑을 바라보며 걷다 보니, 어느새 청계산 원터골 입구에 도착하게 되었다. 시계는 15시 30분. 총 4시간 55분의 산행을 마무리하게 되었다.

이번 산행은 옻닭으로 시작해 예상치 못한 부부 동반 산행이 되었다. 함께 걷고, 이야기 나누며 서로에게 더 가까워지는 소중한 시간이었다. 종종 이런 부부 동반 산행을 통해 동반자와 소통하는 기회를 갖는 것도 좋겠다는 생각이 들었다. 산은 언제나 그 자리에서 우리를 기다린다.

몸살 투혼,
축령산과 서리산 횡단기

경기도 가평군, 남양주시 소재
해발 887.1m
산행일 2023. 5. 14.

산행코스 : 축령산자연휴양림-수리바위-축령산 정상-서리산 정상-철쭉 동산-축령산자연휴양림

    2023년 5월 14일 일요일. 며칠 전 화왕산과 유명산 산행 후 감기로 꽤나 고생했지만, 이번 산행은 꼭 가야만 했다. 전날에는 지인의 아들이 근무하는 DMZ 평화의 길 철원 코스까지 다녀왔으니, 몸은 이미 한계치였다. 하지만 조은산악회 산우와 함께하는 축령산 산행이라니, 설레는 마음이 아픈 몸을 이겨냈다.
아침 7시 10분, 집을 나서 태릉역으로 향했다. 8시 30분, 태릉역 7번 출구에 도착하니 산우들을 태울 버스가 기다리고 있었다. 8시 32분, 버스는 축령산을 향해 출발했지만, 휴양림 진입로의 정체로 인해 이동하다 중간에 하차하여 걸어가야 했다. 중간지점에서 갈아가는 수고로 인해 9시 50분, 축령산자연휴양림 매표소에 도착하니 벌써 땀이 송골송골 맺혔다.

축령산의 품, 수리바위와 남이바위
매표소를 지나 야외 물놀이장을 거쳐 본격적인 산행을 시작되었다. 자차로 온 산우와 합류하여 20여 분 만에 정성바위에 도착하게 되었다. 돌탑이 인상적인 이곳을 지나 수리바위로 향했다. 오가는 길에 마주치는 이정표들은 친절하게 길을 안내해 주었다. 10시 50분, 드디어 수리바위에 도착. 기암괴석의 위용에 절로 감탄사가 나왔다.
수리바위를 뒤로하고 능선 삼거리를 지나 남이바위로 향했다. 오르막길이 계속되었지만, 맑아지는 날씨와 함께 보이는 풍경은 지친 다리를 움직이게 하는 원동력이 되었다. 11시 37분, 남이바위에 도착하니 비로소 축령산 정상이 눈앞에

보였다. 잠시 숨을 고르고 마지막 힘을 내어 걷다 보니, 12시 8분, 드디어 축령산 정상에 올랐다. 정상에서 바라보는 풍경은 그간의 피로를 잊게 할 만큼 아름다웠다.

서리산의 철쭉, 그리고 휴양림의 시원함
축령산 정상을 뒤로하고 서리산으로 발걸음을 옮겼다. 가는 길에 산악기상관측소를 지나 점심식사를 하게 되었다. 지금까지는 좁고 암벽이 많은 길이었지만, 점심 식사 후 서리산으로 향하는 길은 임도처럼 잘 정비되어 있었다. 13시 30분, 다시 출발하여 20여 분 만에 서리산 정상에 도착했다. 13시 53분이었다. 서리산 정상은 곧 철쭉이 만개할 철쭉동산과 연결되어 있어 다음 시즌의 풍경을 상상하게 하였다.
서리산 정상에서 화채봉으로 갈 팀과 하산할 팀으로 나뉘었다. 우리는 곧장 철쭉동산으로 향했고, 14시 39분, 철쭉동산 정상에 도착하게 되었다. 이곳에서 잠시 휴식을 취하며 간식을 나눠 먹고, 다시 하산을 시작했다. 제2주차장으로 향하는 길은 경사도가 심했지만, 잘 정비된 등산로 덕분에 큰 어려움은 없었다. 15시 40분, 관리사무소에 도착하게 되었다. 관리사무소를 지나 몇 분 더 걸으니 축령산자연휴양림 주차장이 나왔다.

시원한 계곡물에 발을 담그고 족욕으로 피로를 풀었다. 16시 15분, 매표소를 나와 오늘의 산행을 마무리하게 되었다.

아름다운 동행, 다음을 기약하며
이번 축령산 산행은 예상치 못한 고생도 있었지만, 조은산악회 산우와 함께하여 더욱 의미 있는 시간이었다. 특히 몸살 기운에도 불구하고 무사히 완주할 수 있었음에 감사하게 생각한다.
오늘 산행의 아쉬운 점이라면 버스 정체로 인해 계획보다 늦게 산행을 시작하고, 휴양림까지 걸어가야 했던 점이었다. 하지만 그 덕분에 산우와 더 많은 이야기를 나누고 함께 웃을 수 있었던 것 같다. 산은 언제나 새로운 추억과 교훈을 안겨 주는 듯하다.

겨울 산행,
화악산(중봉)을 가다.

경기도 가평군, 강원도 화천군 소재
해발 1,446.1m
산행일 2021. 12. 19.

산행코스 : 고지500펜션&캠핑장-화악터널-애기봉 갈림길-화악산(중봉) 정상-고지500펜션&캠핑장

　　2021년 12월 18일, 영하 11.4도의 맹추위가 기승을 부리던 밤, 강원도 태백산 대신 선택한 곳은 가평의 화악산이었다. 고지 500펜션&캠핑장에서 텐트를 치고 야외 1박을 감행했다. 안재운 형님이 텐트와 식사를, 나는 군고구마와 행동식을 맡아 겨울밤의 낭만을 준비하게 되었다. 대설주의보 재난 문자에 살짝 긴장을 했지만 설렘이 더 컸다. 상계역에서 만난 형님과 자식들 군 생활, 지나온 인생, 그리고 대학 시절 MT 이야기까지, 밤새 나눌 이야기 보따리를 풀며 가평으로 향했다. 명지식육점에 들러 목살까지 챙겨 캠핑장에 도착하니 어느덧 18시 20분, 어둠이 짙게 깔려 있었다.

　　텐트를 치고 숯불에 고기를 굽고 고구마를 넣었다. 차가운 공기 속에서 피어오르는 따뜻한 연기와 고소한 냄새, 깻잎과 김치까지 곁들여 먹는 저녁은 잊을 수 없는 만찬이었다. 이른 시간 잠자리에 들었지만, 내일의 산행 생각에 쉽사리 잠이 오지 않았다.

눈 덮인 길 위, 고요한 겨울 산행

2021년 12월 19일 새벽 5시 30분, 분주하게 산행 준비를 마치고 7시 5분, 눈 덮인 캠핑장을 나섰다. 화악터널로 향하는 아스팔트길은 제설 차량만이 간간이 오갈 뿐 인적 드물어 고요했다. 한 시간 남짓 걸어 화천군 사창리와 공군 제8979

부대 갈림길에 닿았다. 가평군 전망대에서 따뜻한 커피 한 잔으로 몸을 녹이고, 화악터널을 지났다. 터널을 통과하자마자 나타난 강원도와 경기도 경계 표지판은 묘한 감회를 불러일으켰다. 강원도 화천군 사창리의 공원에서 식수를 보충하고 화악터널 상단으로 발걸음을 옮겼다. 눈 덮인 능선 길을 30분쯤 걸으니 임도가 나타났고 임도를 따라 굽이굽이 오르니 화악리 건들내와 중봉 정상 그리고 실운현 갈림길이 나왔다.

한반도의 정중앙, 화악산 정상에 서다
이윽고 화악리 건들내와 중봉 정상 그리고 관청리, 애기봉 갈림길에 다다랐다. 정상까지 남은 거리는 200m, 경사는 만만치 않았지만, 설경에 취해 힘든 줄 몰랐다. 20분 남짓 더 올라 마침내 11시 29분, 화악산 정상(중봉)에 섰다.
놀랍게도 이곳은 한반도의 정중앙이었다. 내가 밟고 선 이 땅이 대한민국의 중심이라니! 그 사실에 가슴이 벅차올랐다. 전국 곳곳의 산들이 품고 있는 숨겨진 이야기들을 생각하니 다음 산행이 벌써부터 기대되었다. 정상에서 낙동산악회 회원들과 인사를 나누고, 넓은 공간에서 늦은 아침 겸 이른 점심을 해결했다. 따뜻한 전투식량 비빔밥은 꿀맛이었다.

아쉬움을 뒤로한 하산, 그리고 감사

식사를 마치고 임도 사거리를 지나 화천군 사창리 방면으로 내려서는 길은 제설 작업이 되어있지 않아 미끄러웠지만, 조심스레 발걸음을 옮겼다. 엉덩방아라도 찧을까 조마조마했지만, 다행히 큰 부상 없이 무사히 삼거리에 도착했다.

14시 5분, 아스팔트길을 30분 더 걸어 고지 500펜션&캠핑장으로 돌아와 산행을 마쳤다. 텐트 설치부터 식사 준비까지, 이번 산행을 위해 많은 것을 준비해 준 안재운 형님께 진심으로 감사드린다. 혹독한 추위 속에서도 설경의 아름다움과 한반도의 중심을 느끼며 값진 경험을 한 화악산 산행이었다.

Ⅱ. 강원권

063   가리산, 부부의 특별한 동행으로 채운 초록빛 추억
066   가리왕산, 태풍 속에서도 빛난 아름다움
069   두 번의 만남, 계방산의 진짜 얼굴
071   두타산, 100대 명산 절반을 향한 열정의 발걸음
074   민동산, 가을 억새와의 황홀한 동행
078   명성산, 억새 물결 속에서 피어난 가을날의 추억
081   뜻밖의 설국, 선자령에서 길을 묻다
083   방태산, 땡볕 더위 속에서 찾은 대자연의 위로
086   삼악산, 가을날의 재발견
088   설악 서북능선, 밤샘 산행의 대장정
091   오대산 비로봉, 여름날의 완벽한 쾌청함 속으로
094   오봉산, 여름날의 완벽한 힐링 산행
097   치악산 산행, 즐거운 추억.....
100   함백산-태백산 연계 산행: 두 개의 정상을 품다
103   팔봉산, 아기자기한 암릉의 매력에 빠지다

가리산, 부부의 특별한 동행으로 채운 초록빛 추억

강원도 홍천군 소재
해발 1,051m
산행일 2023. 5. 20.

산행코스 : 용소폭포-767봉-955봉-가리산 정상 삼거리-가리산 정상-가리산 정상 삼거리-가리산자연휴양림-용소폭포

    2023년 5월 20일 토요일, 나는 늘 혼자 산행을 다녀 미안했던 아내와 함께 강원도 홍천의 가리산으로 향했다. 흐리고 바람 불어 좋은 날씨 속에 100대 명산 근교 산행을 계획한 우리는 설렘으로 가득했다.

여정의 시작, 대중교통의 묘미
새벽 6시에 일어나 산행 준비를 마친 우리 부부는 7시 집을 나서 마을버스와 지하철을 갈아타고 강변역 동서울시외버스터미널에 8시 11분 도착했다. 철정교 정류소행 버스표를 예매하려 했지만, 8시 15분 버스를 아슬아슬하게 놓쳐 10시 25분 다음 버스를 예매하는 해프닝이 있었다. 국수로 아침을 해결하고 10시 25분 출발한 버스는 무려 1시간가량의 정체로 화도까지도 이동하지 못하는 답답함을 선사했다. 우여곡절 끝에 12시 18분 홍천종합버스터미널에 도착, 잠시 휴식을 취한 후 12시 30분 다시 출발했다.

13시 10분, 철정교 정류장에 내렸지만, 가리산자연휴양림으로 가는 농촌 버스 38번을 찾기란 쉽지 않았다. 에덴슈퍼 아주머니께 물어보니 이미 버스는 떠났고, 13시 30분에 큰길 정류장에서 가는 버스가 있다는 정보를 얻었다. 횡단보도 건너편에 버스정류장이 없다는 사실에 당황했지만, 아주머니의 친절한 설명 덕분에 13시 26분 노란 버스에 무사히 탑승, 7분 만에 가리산휴양림 입구 큰길에 도착했다. 가리산자연휴양림으로 가는 차량이 없어 13시 35분부터 아스팔트

길 4km를 도보로 이동해야 했지만, 용소계곡 이정표들을 지나며 걷는 길은 점차 산행의 설렘을 더해주었다.

용소폭포를 지나 가리산 정상으로

14시 28분, 마침내 용소폭포를 감상할 수 있는 지점에 도착했다. 팔각정 뒤편으로 흐르는 용소폭포의 시원한 물줄기는 지루했던 아스팔트길의 피로를 날려주었다. 강우레이더 관측소 방향 능선길을 따라 가리산 정상으로 향하는 길은 본격적인 산행의 시작을 알렸다. 곳곳에 보이는 이정표를 따라 걷다 15시 34분, 가리산 정상 2.05km와 가리산자연휴양림 매표소 1.79km 갈림길 이정표에 도착하게 되었다. 이어 강우레이더 관측소 모노레일을 만났는데, 전류가 흐른다는 안내판과 함께 미지의 세계로 이끄는 듯한 레일의 모습이 인상적이었다. 모노레일을 따라 이동하다 길을 잘못 들어 강우레이더 관측소 방향으로 500m가량 벗어나는 해프닝도 겪었다. 갔던 길을 되돌아와 임도 입구 등 여러 이정표를 거쳐 17시, 최종 정상 등산 안내도가 있는 곳에 도착했다. 드디어 17시 10분, 끝없이 이어지는 듯한 계단을 올라 마침내 가리산 정상에 발을 디뎠다. 가리산 정상에서 바라본 1, 2, 3봉과 지나왔던 길의 풍경은 그간의 고생을 잊게 해주는 장관이었다.

아쉬운 하산 길, 그리고 잊지 못할 동행

늦어진 정상 도착으로 서둘러 하산을 시작한 우리는 올랐던 계단을 다시 내려와 여러 이정표를 거쳐 17시 40분, 아름다운 가리산 연리목에 도착했다. 두 나무가 서로 붙어 자라는 연리목처럼, 부부의 끈끈한 사랑을 보여주는 듯한 산행이었다. 18시 5분, 가리산 등산로 표지석을 지나 산림휴양관과 홍천 가리산 자연휴양림 입구를 거쳐 18시 20분, 아침에 올랐던 강우레이더 관측소 갈림길 이정표가 있는 곳에 도착하며 4시간 45분, 약 11.2km의 산행을 마무리했다. 해가 진 뒤 바라본 가리산의 모습은 또 다른 감동을 선사했다.

대중교통 팁과 다음 산행을 기약하며

하산 후 홍천시외버스터미널로 가는 버스를 이용하였는데, 대중교통을 이용하시고자 하시는 분은 동서울시외버스터미널에서 홍천종합버스터미널로 이동하여 가리산자연휴양림으로 가는 버스를 이용할 것을 추천해 본다. 혼자 산행하는 것을 걱정하여 함께 해준 아내가 있어 오늘도 행복하고 즐거운 산행이 되었던 것 같다.

가리왕산, 태풍 속에서도 빛난 아름다움

강원도 정선군, 평창군 소재
해발 1,561m
산행일 2022. 9. 3.

산행코스 : 장구목이 입구-정상 삼거리-가리왕산 정상-마항치 삼거리-가리왕산자연휴양림 입구

    2022년 9월 3일, 나는 조은산악회 회원 44명과 함께 가리왕산으로 향했다. 태풍 힌남노가 북상한다는 소식에도 불구하고, 해발 1,561m의 가리왕산 정상을 향한 굳건한 의지는 꺾이지 않았다. 특히 평창 동계 올림픽 알파인 스키 대회를 위해 훼손되었다가 아직 원상회복되지 못한 곳이기에, 이번 산행은 더욱 특별한 의미를 갖는다.

새벽을 가르며 떠난 여정

새벽 4시 40분, 일찌감치 산행 준비를 마치고 집을 나섰다. 미아사거리에서 4호선으로 환승, 충무로역 5번 출구(공사 중이라 6번 출구로 우회)에 도착하니 오전 6시. 출발이 5분 늦어졌지만, 사당역과 죽전을 거쳐 모든 산우를 태운 버스는 평창을 향해 힘차게 달렸다. 평창휴게소에서의 짧은 휴식은 본격적인 산행을 위한 활력소였다.

장구목이에서 만난 원시의 감동

오전 9시 50분, 마침내 가리왕산의 들머리인 장구목이 입구에 도착했다. 10시 정각, 산우들과 함께 힘찬 첫발을 내디딘 저는 장구목이 계곡의 아름다운 풍경에 감탄하며 발걸음을 옮겼다. 곳곳에 보이는 이정표는 가리왕산 정상까지의 남은 거리를 알려주며 산행 의지를 북돋았다. 특히 11시 5분, 넓게 펼쳐진 이끼 광장

은 마치 원시림에 온 듯한 착각을 불러일으킬 정도로 인상적이었다. 11시 20분, 장구목이 임도에서 잠시 숨을 돌리며 정상으로 향할 채비를 마쳤다.

주목 군락지를 지나 정상으로
장구목이 임도에서 정상으로 향하는 길은 경사가 심하고 너덜지대로 이루어져 있어 안전에 유의하며 올랐다. 12시 19분, 가리왕산 정상 0.7km 이정표를 지나자, 살아 천 년 죽어 천 년을 간다는 주목 군락지가 눈앞에 펼쳐졌다. 산우들이 감탄사를 자아낼 만큼 웅장하고 아름다운 주목 군락은 힘든 산행에 지친 몸과 마음을 달래주었다. 주목 군락을 지나 12시 40분, 정상 삼거리에 도착한 저는 몇 분 더 이동하여 마침내 12시 42분, 가리왕산 정상에 발을 디뎠다. 짙은 운무가 정상 주변을 감싸고 있었지만, 해발 1,561m 정상에 올랐다는 성취감은 그 어떤 것과도 바꿀 수 없었다.

아쉬움을 뒤로한 하산길
정상에서 삼삼오오 모여 점심 식사를 마치고 오후 1시 35분, 우리는 가리왕산 자

연휴양림 방향으로 하산을 시작했다. 경사가 심한 내리막길을 조심스럽게 내려와 1시 50분 마항치 삼거리에 도착하게 되었고, 이어 어은골 임도에서 잠시 휴식을 취하며 간식을 먹었다. 어은골 임도는 오전에 올랐던 장구목이 임도와 연결되어 있다. 웅장한 물소리가 흐르는 어은골 계곡을 따라 이동하며 오후 4시 30분, 마침내 가리왕산 자연휴양림 입구에 도착하며 6시간 30분간의 산행을 안전하게 마무리하게 되었다.

다음 산행을 기약하며
태풍의 영향으로 종일 흐린 날씨 속에서도, 조은산악회 회원 44명과 함께 가리왕산 산행을 성공적으로 마치게 되어 감개무량하다. 자연의 위대함과 산행의 즐거움을 다시 한 번 느낄 수 있는 산행이 되어 기쁘게 생각한다.

두 번의 만남,
계방산의 진짜 얼굴

강원도 평창군, 홍천군 소재
해발 1,577m
산행일 2023. 12. 31.

산행코스 : 운두령-전망대-계방산 정상-주목군락지-샘터-이승복 생가-계방산 주차장

2023년의 마지막 날, 우리는 다시 계방산을 찾았다. 12월 중순, 설렘 가득했던 첫 만남은 거센 눈발에 좌절되어 선자령으로 우회해야 했던 쓰린 기억이 있었다. 그 아쉬움이 채 가시기도 전에, 우리는 기어코 계방산의 품에 안기겠다는 일념으로 다시 뭉쳤다. 하지만 운명의 장난처럼, 출발하는 아침부터 빗방울이 창문을 때렸다. '설마 이번에도…?' 무거운 마음을 안고 사당역에 모였지만, 횡성휴게소에 다다르자 빗줄기는 눈으로 변해 있었다. 아! 이건 희망의 메시지다!

운두령에 도착하니 9시 50분, 온 세상이 하얗게 변해 있었다. 아이젠과 스패츠를 단단히 채우고 설레는 발걸음을 떼는 순간, 지난번의 아쉬움은 눈 녹듯 사라졌다. 가파른 계단을 오르고 능선 길을 따라 걷는 내내 눈 덮인 주목 군락지는 마치 그림 같았다. 쨍한 칼바람을 뚫고 11시 50분, 드디어 계방산 정상! 표지석 앞에서 감격스러운 순간을 기록하려는데, 마침 길을 잃은 두 분이 합류를 청했다. '함께 가면 더 즐겁지!' 우리는 기꺼이 동행자가 되었다.

하산길은 더욱 정겹고 푸근했다. 함께 웃고 이야기 나누며 주목 군락지와 샘터를 지나 오토캠핑장으로 향했다. 특히 이승복 생가를 지나는 길은 산행의 의미를 더 깊게 만들었다. 그렇게 눈밭을 뒹굴고, 이야기에 취하고, 때로는 숨을 헐떡이며 3시간 50분의 산행을 마무리하게 되었다.

계방산은 두 번의 만남 끝에 비로소 진짜 얼굴을 보여주었다. 첫 만남의 '밀당'은 오히려 두 번째 만남의 감동을 극대화했다. 비록 날씨는 변덕스러웠지만, 함께 하는 '좋은사람들'과 대자연의 선물은 그 모든 것을 상쇄하고도 남았다. 때로는 기다림이 큰 기쁨을 가져다준다는 것을, 계방산이 가르쳐준 셈이다. 함께한 등반대장님 덕분에 무사히 산행을 마칠 수 있었음에 감사하며, 다음 산행에서 또 어떤 '뜻밖의 선물'을 만나게 될지 기대해 본다.

두타산, 100대 명산 절반을 향한 열정의 발걸음

강원도 동해시, 삼척시 소재
해발 1,353m
산행일 2023. 7. 1.

산행코스 : 댓재-통골재-두타산 정상-베틀봉-미륵바위-베틀바위 전망대-매표소

    2023년 7월 1일 토요일, 나는 다음매일 산악회 회원 30명과 함께 강원도 동해시와 삼척시에 걸쳐 있는 두타산으로 향했다. 한국의 산하 100대 명산 중 49번째 산행이자, 2년이라는 시간을 쉼 없이 달려온 열정이 돋보이는 여정이기도 했다. '내년에 마무리를 목표로 올해는 70번째까지 힘껏 달려보려 생각 중'이라는 각오에서, 산을 향한 깊은 애정과 스스로에 대한 대견함이 느껴졌다.

여정의 시작, 댓재를 넘어
이른 아침 5시, 저는 산행 준비를 마치고 마을버스와 지하철을 갈아타고 사당역에 6시 35분 도착했다. 6시 50분 사당역을 출발한 버스는 양재역과 죽전 간이버스정류장에서 산우들을 태운 후 경부고속도로와 영동고속도로를 가로질러 달렸다. 1시간 35분 만에 치악휴게소에 도착하여 잠시 숨을 고른 뒤, 2시간 15분을 더 달려 오전 10시 40분, 백두대간 댓재에 도착하게 되었다. 이곳에서 산행 준비를 마치고 두타산 정상을 향해 힘찬 첫발을 내디뎠다.

녹음 짙은 숲길을 지나 두타산 정상으로
댓재를 출발하여 녹음이 짙은 임도를 따라 걷다, 임도와 소로 갈림길에서 소로 등산로를 택했다. 잘 정비된 등산로는 많은 산객들의 발걸음을 증명하듯 편안한 길을 내주었다. 여러 이정표를 지나며 오르막과 내리막을 반복하다 12시 5분, 통골재에 도착했다. 통골재를 지나 이어지는 오르막 구간에서는 예전 대야산 산

행의 기억이 떠올랐는데, 바로 앞에 정상이 보일 듯하면서도 끊임없이 이어지는 오르막은 산행의 묘미이자 도전 정신을 불러일으키는 듯 하였다. 끈기 있게 발걸음을 옮긴 결과 13시 5분, 마침내 두타산 정상에 우뚝 섰다. 댓재에서 시작하여 6.1km를 걸어온 값진 순간이었다.

대궐터와 베틀봉, 그리고 아찔한 베틀바위 전망대
두타산 정상에서 잠시 휴식을 취한 후, 13시 25분 무릉계곡 방향으로 하산을 시작하여 대궐터 삼거리에 도착했다. 이곳에서 산행 경험이 많은 분이 남긴 듯한 손글씨 이정표(베틀봉 방향)를 따라 베틀봉으로 향하게 되었다. 1시간 11분간 대궐터를 지나 14시 39분, 베틀봉 정상에 도착했다. 정상석도 없이 초라한 모습에 아쉬움이 남았지만, 아쉬움을 뒤로하고 미륵바위 방향으로 발걸음을 옮겼다.

미륵바위로 향하는 길은 급경사 구간으로 주의가 필요했다. 아찔한 하산길을 조심스레 내려와 미륵바위를 보고 15시 16분, 베틀바위 전망대에 도착했다. 베틀바위는 그 웅장함과 기암괴석의 아름다움으로 보는 이들의 탄성을 자아내게 했다. 베틀바위 전망대를 뒤로하고 계속 하산하여 여러 이정표를 지나 16시, 매표소에 도착하며 총 5시간 15분, 약 12.4km의 긴 산행을 안전하게 마무리하게 되었다.

성공적인 완주, 다음 산행을 기약하며
맑고 바람 솔솔 부는 쾌청한 날씨 속에서 두타산의 웅장한 자연을 만끽하며 산행을 성공적으로 이끌어주신 등반대장과 함께 힘든 여정을 이겨낸 다음매일 산악회 회원님들께 감사의 마음을 전해 본다. 다음은 또 어느 산을 가볼까?!

민둥산,
가을 억새와의 황홀한 동행

강원도 정선군 소재
해발 1,119m
산행일 2023. 9. 24.

산행코스 : 증산초교 주차장-민둥산 전망대-민둥산 정상-갈림길-삼내약수터

2023년 9월 24일, 추석을 앞두고 강원도의 가을을 만끽하고자 민둥산을 찾았다. 혹여 취소될까 노심초사했던 산행은 다음매일 산악회 운영진의 배려 덕분에 성사되었고, 덕분에 억새밭의 장관을 직접 두 눈에 담을 수 있었다. 새벽 5시, 이른 기상에도 설렘은 피로를 잊게 했다. 사당역 10번 출구에서 시작된 여정은 15명의 동반자와 함께 민둥산으로 향했다.

민둥산을 향한 여정

사당역을 6시 50분 출발한 버스는 양재역, 죽전 간이버스정류장에서 산우들을 태우고 경부고속도로, 영동고속도로, 중앙고속도로를 달렸다. 중간에 치악휴게소에서 잠시 숨을 돌린 후 8시 40분 다시 출발하여 9시 42분, 드디어 민둥산 증산초교 주차장에 도착하게 되었다. 가을햇살 아래 주차장의 활기찬 분위기는 산행에 대한 기대감을 더욱 키웠다.

9시 45분, 증산초등학교를 지나 지그재그 길을 따라 민둥산의 품으로 첫발을 내디뎠다. 20여분을 오르자 증산초교 0.4km와 급경사 2.2km 갈림길 이정표가 나왔고, 이어지는 민둥산 2.10km와 증산초교 0.50km 그리고 발구덕 0.09km 갈림길 이정표를 지났다. 10시 30분, 간이매점이 있는 민둥산 1.3km와 증산초교 1.3km 갈림길 이정표에 도착하게 되었다. 이곳에서 능선 길로 접어들었고, 18분 뒤 민둥산 전망대에 닿았다. 전망대에서 바라본 주위 풍경은 가슴을 탁 트

이게 하였다.

억새밭을 지나 민둥산 정상으로
전망대를 뒤로하고 민둥산 0.6km와 증산초교 2km 갈림길 이정표를 지나 임도를 만났다. 임도를 건너 민둥산 정상 방향으로 오르자 비로소 억새 군락지가 눈앞에 펼쳐졌다. 증산초교 2.5km와 증산초교 2.7km 갈림길 이정표 주변은 온통 은빛 억새로 뒤덮여 바람결에 일렁이는 모습이 장관을 이루었다.
아직 억새가 만개한 시기는 아니었지만, 인파가 적어 여유롭게 억새의 아름다움을 만끽할 수 있었다. 억새밭을 거닐며 셔터를 누르는 손길이 분주해지는 사이, 어느새 11시 10분 민둥산 정상에 도착했다. 드넓게 펼쳐진 억새밭과 탁 트인 풍경은 가을 산행의 묘미를 제대로 느끼게 해주었다.

삼내약수를 향한 하산길

민둥산 정상에서 주변 풍광을 감상한 후, 민둥산 돌리네를 바라보며 하산을 시작했다. 증산초교 급경사 2.6km, 증산초교 완경사 3.2km 갈림길 이정표를 지나 화암약수 8.1km, 삼내약수 4.8km와 발구덕 0.9km 갈림길 이정표에서 화암약수, 삼내약수 방향으로 길을 잡았다. 11시 30분, 민둥산 1.2km와 화암약수 8.1km, 삼내약수 3.6km 갈림길 이정표가 있는 임도에 도착하게 되었다.

임도를 따라 약 500m 이동 후, 좌측 등산로로 진입해야 했다. 자칫 지나치기 쉬운 길이라 주의가 필요했지만, 시그널 거치대와 부러진 이정표가 길을 안내해 주었다. 펜스가 쳐진 등산로를 따라 이동하자 민둥산 2.1km와 화암약수 7.2km 그리고 삼내약수 2.2km 갈림길 이정표가 있는 삼거리가 나타났다.

이곳에서 삼내약수 방향으로 향하는 길은 경사가 급하고 곳곳이 패여 있어 조심스럽게 내려가야 했다. 민둥산 2.9km 이정표, 민둥산 3.6km와 삼내약수 1.2km

갈림길 이정표를 차례로 지나 12시 40분, 화암약수 7km와 민둥산 5.5km 갈림길 이정표가 있는 버스 주차 예정지에 도착하며 산행을 마무리하게 되었다.

아쉬움을 달래는 삼내약수

산행을 마친 후 버스를 기다리던 중, 삼내약수터를 둘러보기 위해 잠시 발걸음을 옮겼다. 10여 분을 걸어 도착한 삼내약수터에서 시원한 약수를 물병에 가득 담았다. 갈증을 해소하고 다시 버스 주차 예정지로 돌아오며 민둥산 산행의 모든 일정을 마무리해 본다.

가을의 절정에서 만난 민둥산 억새는 오래도록 기억될 아름다운 풍경으로 남을 것이다.

명성산, 억새 물결 속에서 피어난 가을날의 추억

경기도 포천시, 강원도 철원군 소재
해발 923m
산행일 2023. 11. 12.

산행코스 : 신안고개-명성산 정상-삼각봉-포천 명성산 정상-억새군락지-등룡폭포-산정호수 상동 주차장

    2023년 11월 12일 일요일, 조은산악회 회원 39명과 함께 명성산으로 향했다. 영하 6도의 아침 기온과 쌀쌀한 바람에도 불구하고, 지난번 아내와 단둘이 찾았던 명성산 억새 군락지를 다시 만나고 싶은 마음에 설렘 가득한 발걸음을 옮겼다.

새벽을 열고 명성산으로

새벽 5시, 산행 준비를 마치고 6시에 집을 나섰다. 버스와 지하철을 갈아타고 7시, 약속 장소인 군자역 5번 출구에 도착했지만, 아직 아는 얼굴은 보이지 않아 잠시 주변 풍경을 둘러보았다. 이내 조은산악회 산우들이 속속 도착하여 7시 25분, 모두를 태운 버스는 명성산을 향해 힘차게 출발했다. 1시간 21분 후 산정호수 상동 주차장에 도착하여 잠시 휴식을 취한 뒤, 오늘의 들머리인 신안 고개로 향했다. 좁고 험한 시멘트 도로에서 버스 승무원과 리더의 짧은 협의 끝에 신안 고개에 무사히 도착했지만, 버스 하단부가 바닥에 닿는 아찔한 순간도 있었다.

얼어붙은 풍경과 두 개의 정상

오전 9시 25분, 신안 고개를 출발한 산우들은 계곡을 따라 이동하며 쌀쌀한 날씨가 만들어낸 상고대를 만났다. 나뭇가지에 얼어붙은 상고대는 마치 겨울 왕국에 온 듯한 착각을 불러일으켰고, 힘든 산행길을 응원하듯 계곡물은 힘찬 소리

를 내며 흘렀다. 명성산과 신안 고개 갈림길, 궁예봉 갈림길을 지나 능선길을 따라 걷다 오전 11시, 철원 명성산 정상에 도착했다. 이곳에서 단체 기념촬영을 마친 후, 11시 25분 삼각봉 방향으로 이동하여 궁예봉을 바라보며 점심 식사를 즐겼다. 삼삼오오 모여 앉아 각자 가져온 음식을 나누어 먹으며 산행의 즐거움을 더했다.

억새 군락지의 아쉬움과 하산길
점심 식사를 마친 후 삼각봉을 우회하여 팔각정 방향으로 발걸음을 옮겼다. 13시 45분, 마침 내 포천 명성산 정상에 도착했지만, 지난번 보았던 우체통은 사라지고 정상 표지석은 가림막으로 가려져 있었으며, 케이블카 공사로 인해 어수선한 주위 풍경은 아쉬움을 남겼다. "요즘은 곳곳에 케이블카 공사가 난무하여 난개발이 많은 듯하여 산을 좋아하는 산우들을 슬프게 하는 것 같다"

그럼에도 불구하고 넓게 펼쳐진 억새 군락지는 여전히 장관을 이루었고, 산우들은 저마다 기념촬영을 하며 가을 억새의 아름다움을 만끽했다. 궁예 약수터를

지나 억새 풍경길, 억새 바람길을 따라 내려오다 반가운 우체통을 다시 만났다. 억새밭의 절경을 감상하며 하산길을 재촉하여 오후 3시, 등룡폭포에 도착했다. 시원하게 쏟아지는 폭포수를 뒤로하고 산정호수 방향으로 계속 내려와 오후 3시 35분, 산정호수 상동 주차장에 도착하며 6시간 10분, 약 9.12km의 산행을 안전하게 마무리하게 되었다.

다음 산행을 기약하며
쌀쌀한 날씨에도 불구하고 가을 명성산의 아름다움을 만끽하며 산행을 성공적으로 이끌어주신 조은산악회 대장님과 리더, 그리고 함께 힘든 여정을 이겨낸 산우님들께 감사의 마음을 전해보며 오늘의 산행을 음미해 본다.

뜻밖의 설국,
선자령에서 길을 묻다

강원도 강릉시, 평창군 소재
해발 1,157m
산행일 2023. 12. 16

산행코스 : 대관령마을 휴게소-KT 송신탑-전망대-새봉-선자령 정상-새봉-KT 송신탑-대관령마을 휴게소

2023년 12월 16일, 그날 아침은 계방산의 설경을 꿈꾸며 시작되었다. 새벽같이 집을 나서 사당역에 모인 '좋은사람들' 24명. 한껏 들뜬 마음으로 버스에 몸을 실었지만, 횡성휴게소를 지날 무렵 등반대장님의 뜻밖의 한마디가 모두를 술렁이게 했다. "계방산 적설량이 많아 선자령으로 목적지를 바꿉니다!" 아쉬움 반, 기대 반으로 우리는 영동고속도로를 따라 새로운 설국, 선자령으로 향했다.

대관령 마을휴게소에 도착하니 시계는 어느덧 10시 20분. 영하 4도의 차가운 공기 속에서도 눈 덮인 풍경은 감탄사를 자아냈다. 발걸음을 옮길 때마다 뽀드득거리는 눈 소리는 마치 겨울의 속삭임 같았다. 국사성황당 입구를 지나 오솔길로 접어들자 눈꽃이 만개한 '크리스탈 빙화'가 우리를 맞았다. 시멘트 임도로 바뀌는 길에서도 온통 하얀 세상은 지루할 틈을 주지 않았다. KT 송신탑을 지나 무선 표지소 입구까지 하얀 파노라마는 계속되었다.

점점 고도를 높여갈수록 바람은 거세졌다. 선자령 0.4km를 남겨둔 지점에서는 몸을 가누기 힘들 정도였다. 형형색색의 텐트들이 바람에 힘없이 나부끼고, 풍력발전기들은 윙윙거리는 소리로 맹렬하게 돌아가고 있었다. 텐트를 치고 비박을 즐기는 이들의 여유가 부러웠지만, 우리는 칼바람을 뚫고 12시 5분, 드디어 선자령 정상에 섰다. 정상석을 배경으로 기념사진을 남기고 싶었지만, 매서운 바람 탓에 서둘러 하산길에 올랐다.

내려오는 길은 오를 때와 달리 조금 더 여유로웠다. 대관령 합류 지점은 오르막보다 평탄하여 미끄러운 눈길을 걸어왔던 다리에 휴식을 주었다. 그렇게 풍경을 즐기며 걷다 보니 어느새 출발점인 대관령 마을휴게소에 도착, 시계는 13시 40분을 가리키고 있었다.

갑작스러운 행선지 변경이었지만, 선자령은 그 예상치 못한 아름다움으로 우리에게 특별한 겨울 추억을 선물했다. 쨍한 바람 속에서 만난 설국의 풍경, 그리고 함께 길을 걸었던 좋은 사람들과의 순간들은 잊지 못할 겨울날의 기록으로 남을 것이다. 다음 산행도 오늘처럼, '뜻밖의 선물' 같은 하루가 되기를 바라며……

방태산, 땡볕 더위 속에서 찾은 대자연의 위로

강원도 인제군 소재
해발 1,444m
산행일 2023. 8. 5.

산행코스 : 방태산장 버스정류장-마당바위-삼거리-방태산(주억봉) 정상-삼거리-이단 폭포-방태산장 버스정류장

2023년 8월 5일 토요일, 다음매일 산악회 회원 30명과 함께 강원도 인제군의 방태산으로 떠났다. 오전 24도, 낮 34도를 넘나드는 폭염 속에서도 15.6km를 5시간 10분 만에 완주하는 열정으로 다녀왔다. 몇 번의 시도 끝에 마침내 오르게 된 방태산은 나에게 어떤 의미로 다가왔을까?

여정의 시작, 예상치 못한 우회로

이번 산행을 위해 새벽 5시부터 일어나 마을버스와 지하철을 갈아타고 6시 30분 사당역 10번 출구에 도착했다. 아침가리 계곡 트레킹 팀까지 합류하여 버스 세 대가 움직이는 대규모 산행이었다. 2호차에 탑승하여 6시 50분 사당역을 출발해 양재역, 복정역에서 산우들을 태운 후 경부고속도로와 영동고속도로를 가로질러 달렸다. 하지만 서울양양고속도로의 극심한 정체로 예정보다 지연되어 홍천휴게소에서 잠시 숨을 고른 뒤, 11시 38분 방태산장 버스정류장에 도착했다. 원래는 방태산자연휴양림 제1주차장에 주차할 예정이었으나 만차로 인해 버스정류장에서 하차하며 산행 초반부터 1km가량 더 걸어야 하는 예상치 못한 변수가 발생하였다. 이글거리는 태양 아래 아스팔트 길을 19분간 걸어 11시 59분, 드디어 방태산자연휴양림 관리소에 도착했다.

이단폭포의 시원함, 그리고 주억봉을 향한 고행

방태산자연휴양림 관리소를 지나 제1주차장, 마당바위를 거쳐 12시 25분 이단

폭포에 도착했다. 시원하게 쏟아지는 폭포수는 잠시나마 더위를 잊게 해주었다. 이단폭포를 뒤로하고 구룡교를 건너 제2주차장까지 아스팔트길을 걸은 후, 드디어 본격적인 등산로에 접어들었다.

매봉령과 주억봉 갈림길에서 잠시 고민했지만, 무더운 날씨로 주억봉(방태산 정상)을 먼저 오르기로 결정했다. 13시 20분, 방태산자연휴양림 2.0km와 주억봉 2.2km 갈림길 이정표에 도착한 후부터는 더욱 험난한 오르막길이 이어졌다. 급경사와 너덜지대가 반복되는 구간은 '더위와의 싸움'이었지만, 1시간 35분간 끈기 있게 발걸음을 옮긴 결과 14시 55분, 마침내 방태산 주억봉 정상에 올랐다.

아쉬운 회귀, 다음을 기약하며

주억봉 정상에서 잠시 숨을 고른 후 하산 시간을 고려해 애초 계획했던 구룡덕봉

을 거쳐 매봉령으로 내려가는 등산로를 변경하여 올랐던 길을 되돌아 방태산자연휴양림 방향으로 하산하기로 결정했다. 15시 50분, 주억봉 1.3km 지점에 도착한 후에도 계속해서 발걸음을 재촉했다. 제2주차장, 구룡교, 이단폭포, 마당바위, 제1주차장을 차례로 지나 16시 50분, 출발 지점인 방태산장 버스정류장에 도착하며 15.6km의 산행을 안전하게 마무리하게 되었다.

폭염 속 열정, 그리고 감사의 마음
폭염 속에서도 방태산 주억봉 정상에 오르고 무사히 하산한 나 자신과 다음매일산악회 회원님들의 열정에 박수를 보낸다. 아스팔트길 도보, 예상치 못한 우회, 그리고 더위와의 싸움까지, 쉽지 않은 산행이었음에도 불구하고 묵묵히 완주했던 모습이 기억에 남는 산행이었다.

삼악산,
가을날의 재발견

강원도 춘천시 소재
해발 654m
산행일 2022. 11. 19.

산행코스 : 의암댐 매표소-상원사-삼악산 전망대-삼악산(용화봉) 정상-333계단-옥녀탕-등선폭포 매표소

2022년 11월 19일, 늘 마음에만 품고 있던 삼악산과의 첫 만남이 이루어졌다. 아침 2도의 쌀쌀함이 낮 15도의 포근함으로 바뀌어가던 그날, 조은산악회 21명의 동반자와 함께 춘천의 품으로 향했다. '언젠가 혼자 가봐야지' 했던 다짐은 결국 '함께'라는 이름으로 더 풍성한 이야기가 되었다.

상봉역 부산오뎅 앞에서 시작된 여정은 경춘선의 덜컹거림 속에서 기대감을 키웠다. 강촌역에 내려 버스로 갈아타고 의암댐 매표소에 도착하니 비로소 삼악산의 전설이 시작되는 듯했다. 스트레칭으로 몸을 풀고 산행에 나섰다. 0.2km를 채 못 가 상원사 갈림길을 만났고, 고즈넉한 상원사의 풍경은 산행 초입의 평온함을 더해주었다.

상원사를 뒤로하고 만난 깔딱 고개는 그 이름값을 톡톡히 했다. 가쁜 숨을 몰아쉬는 동료들의 모습에서 산행의 진정한 맛을 느꼈다. 땀방울이 송골송골 맺힐 때쯤 넓은 터에서 점심을 맞았다. 오징어 숙회와 정성껏 준비해 온 음식들을 나누며 허기를 채우고 정담을 나눴다. 산에서 먹는 밥은 언제나 꿀맛이다.
식사 후 이어진 바위 능선길은 또 다른 도전이었다. 한 걸음 한 걸음 오를 때마다 삼악산은 새로운 풍경을 선물했다. 마침내 삼악산 전망대에 섰을 때, 눈 앞에 펼쳐진 의암호와 붕어섬의 절경은 감탄사를 자아내기에 충분했다. 그리고 잠시 후, 해발 654m의 용화봉(삼악산) 정상에 발 도장을 찍었다. 가을 햇살 아래 반

짝이는 정상석은 뿌듯함의 증거였다.

정상을 뒤로하고 하산길은 더욱 다채로웠다. 333계단은 숫자의 위압감만큼이나 아찔했지만, 그만큼 빠른 속도로 고도를 낮추는 데 도움을 주었다. 흥국사의 고즈넉함과 옥녀탕의 신비로운 물줄기를 지나, 백련폭포와 등선폭포의 웅장함에 이르렀을 때는 마치 중국의 장가계에 온듯한 착각에 빠졌다. 굽이치는 물길과 기암괴석이 어우러진 풍경은 산행의 피로를 잊게 할 만큼 아름다웠다.

오후 3시 10분, 등선폭포 매표소에 도착하여 산행을 마무리했다. 약 6.4km, 4시간 30분의 여정은 길지 않았지만, 삼악산이 선사하는 다채로운 매력을 오롯이 느낄 수 있는 시간이었다. 대장님의 노련한 리딩과 함께한 조은산악회 산우들의 따뜻한 동행 덕분에 더욱 즐겁고 안전한 산행이 되었다.
삼악산은 단순히 높이 오르는 것이 아니라, 그 안에서 자연과 사람이 어우러지는 경험의 장이었다. 다음 산행은 또 어떤 새로운 인연과 풍경으로 채워질지 벌써부터 기대가 된다.

설악 서북능선,
밤샘 산행의 대장정

강원도 속초시, 양양군, 인제군 소재
해발 1,708m
산행일 2022. 9. 23.

산행코스 : 남설악탐방지원센터-설악산(대청봉)-끝청봉-귀때기청봉-대승령-설악산국립공원 장수대분소

2022년 9월 23일 금요일 밤부터 24일 일요일 오후까지, 조은산악회 회원 44명과 함께 설악산 서북능선 종주라는 대장정을 시작하게 되었다. 설악산 공룡능선에 이어 꼭 가보고 싶었던 코스였어, 컨디션 난조에도 불구하고 설렘과 열정을 가지고서 말이다.

어둠 속으로의 첫걸음

금요일 늦은 밤, 일찍 퇴근하여 잠시 눈을 붙인 다음 21시에 일어나 산행 준비물을 다시 점검하고 22시 30분 집을 나서 마을버스와 지하철을 갈아타고 23시 30분 사당역 11번 출구에 도착하니, 이미 많은 산우들이 버스를 기다리고 있었다. 예정 시간보다 늦은 23시 57분, 드디어 버스는 남설악탐방지원센터를 향해 출발했다. 홍천휴게소에서 짧은 휴식을 취한 후, 9월 24일 새벽 3시, 수많은 산우들로 인산인해를 이룬 남설악탐방지원센터에서 어둠 속으로 첫발을 내디뎠다.

대청봉의 일출과 중청대피소의 아침

계곡을 따라 오르는 길은 앞 사람의 불빛만이 유일한 이정표였다. 계곡물의 웅장한 소리와 귀뚜라미의 구슬픈 노래가 새벽 산행의 고독함을 달래주었다. 대청봉 2km 이정표를 지나며 바람이 점점 거세졌지만, 여벌 옷으로 무장한 나는 꿋꿋하게 발걸음을 옮겼다. 마침내 오전 6시, 설악산 대청봉 정상에 도착하자 수많은 산우들이 일출과 인증사진을 찍기 위해 줄 서 있는 모습이 보였다. 15분 후, 아

침 식사를 하기로 했던 중청대피소에 도착했지만, 컨디션 조절을 위해 아침 식사를 거르고 곧바로 한계령 방향으로 발걸음을 옮기기로 하였다.

끝청봉에서 귀때기청봉까지, 서북능선의 진면목
중청대피소에서 한계령으로 향하는 길은 끝청봉을 지나 설악의 가을 풍경을 만끽할 수 있는 구간이었다. 끝청봉의 초라한 안내판은 오히려 설악의 웅장함 속에서 인간의 존재가 얼마나 미미한지 깨닫게 해주는 듯했다. 이정표마다 거리가 주는 압박감 속에서도 묵묵히 나아갔다. 특히 한계령 삼거리를 지나 귀때기청봉으로 향하는 길은 너덜지대로 이어져 쇠기둥을 따라 이동해야 하는 난코스였다. 10시 4분, 귀때기청봉에 도착하여 바라본 주변 경관은 그간의 고생을 보상해 주기에 충분했다.

1408봉과 대승령, 그리고 장수대분소
귀때기청봉을 뒤로하고 이어지는 구간은 500m가 1km처럼 느껴질 정도로 체력

소모가 컸다. 이는 밤샘 산행과 서북능선의 험준함이 더해진 결과인 것 같았다. 육포로 에너지를 보충하며 묵묵히 나아가 12시 5분, 급경사 계단으로 이루어진 1408봉에 올랐고, 마침내 오후 2시 5분, 하산 지점인 대승령에 도착했다. 등반대장님과의 통화 후 1시간을 기다려 함께 하산을 시작하여 대승암터와 웅장한 대승폭포를 거쳐 오후 4시 30분, 설악산국립공원 장수대분소에 도착하며 13시간 30분, 약 21.5km의 기나긴 산행을 안전하게 마무리하게 되었다.

성공적인 종주, 그리고 다음을 기약하며
컨디션 난조에도 불구하고 설악산 서북능선 종주를 성공적으로 이끌어주신 조은 산악회 리더님과 대장님, 그리고 함께 힘든 여정을 이겨낸 산우들께 감사의 마음을 전하며 마무리 해본다.

오대산 비로봉,
여름날의 완벽한 쾌청함 속으로

강원도 평창군, 홍천군 소재
해발 1,563m
산행일 2021. 7. 24.

산행코스 : 상원사 주차장-중대사-적멸보궁-오대산(비로봉) 정상-상왕봉-북대사-상원사 주차장

　　2021년 7월 24일 토요일, 강원도 평창의 오대산으로 향했다. 아침 기온 17도, 낮 기온 28도의 맑고 쾌청한 여름날, 지인과 함께 12.4km를 4시간 30분 만에 완주하는 열정적인 산행을 기록해 본다.

새벽의 시작, 그리고 신성한 산행길

산행을 며칠 앞두고 더운 날씨에 대한 고민도 잠시, 이른 새벽 4시부터 배낭을 꾸렸다. 택시 안에서 바라본 보름달 같은 둥근 달은 오늘의 산행을 축복하듯 환하게 빛났고, 약속 장소인 올림픽공원역에는 약속 시간보다 30분 이른 4시 30분에 도착하는 부지런함을 보였다. 지인과 만나 아침 식사를 내장탕으로 든든하게 해결한 후, 오전 7시 30분, 상원사 주차장에서 오대산 비로봉을 향한 발걸음을 시작했다.

불심과 자연이 어우러진 길

상원사 주차장을 출발해 20여 분을 걷자 조용하고 한적한 상원사가 모습을 드러냈다. 724년 자장율사가 창건했다는 유서 깊은 사찰을 지나, 중대사로 향하는 길은 계곡을 따라 이어진 계단 길이었고, 분주히 오가는 다람쥐들이 산객들을 반기는 듯했다. 20여 분 만에 중대사에 도착하여 육군3사관학교 '충성대 부모회의 발전과 번영, 그리고 모든 자녀들의 무운장구'를 빌며 기와 불사를 올렸다.

이어 계단과 능선길로 이어진 길을 20여 분 더 걸어 도착한 적멸보궁은 부처님의 진신사리를 모신 성지답게 경건한 분위기를 자아냈다. 이곳에서도 충성대 부모회 자녀들의 안녕을 기원하는 마음을 담았다. 간식과 휴식으로 재충전한 후, 비로봉으로 향하는 능선 측면 길에서는 멧돼지들이 먹이를 찾아 땅을 파헤친 흔적들이 보여, 오대산의 살아있는 자연을 실감할 수 있었다.

마침내 비로봉 정상, 그리고 상왕봉으로
비로봉으로 오르는 25분간의 계단 길은 '지루함이 계속되는 구간'이었지만, 땀을 흘리며 한걸음 한 걸음 나아간 결과 오전 10시 5분, 드디어 오대산 비로봉의 웅장한 모습을 마주할 수 있었다. 정상에 불어오는 시원한 바람과 맑은 하늘의 구름은 힘들었던 여정을 보상하듯 상쾌함을 선사해 주었다.

비로봉에서 잠시 휴식을 취한 후 상왕봉으로 발길을 옮겼다. 오르락내리락하는 구간과 갈림길이 이어졌지만, 한 시간여 만에 다소 초라한 모습의 상왕봉에 도착했다. 내리쬐는 햇볕을 피해 그늘진 곳에서 잠시 휴식을 취한 후, 북대사와 상원탐방지원센터 갈림길을 거쳐 임도를 따라 한 시간여를 걸어 오후 1시 10분, 상원사 주차장 입구에 도착하며 오늘의 산행을 성공적으로 마무리해 본다.

오봉산,
여름날의 완벽한 힐링 산행

강원도 춘천시, 화천군 소재
해발 779m
산행일 2022. 8. 21.

산행코스 : 배후령-오봉산 제3봉-청솔 바위-오봉산 정상-구멍 바위-구송 폭포-청평 유람선 선착장

2022년 8월 21일 일요일, 조은산악회 회원 18명과 함께 강원도 춘천의 오봉산으로 향했다. 맑고 화창한 날씨와 산들바람이 함께한 이번 산행은 '100대 명산' 중 한 곳인 오봉산의 매력을 만끽하며 여름날의 피로를 잊게 해주는 완벽한 힐링 코스였다.

새벽을 열어 오봉산으로

오전 6시 40분, 산행 준비를 마치고 7시 5분 집을 나섰다. 버스와 지하철을 갈아타고 7시 50분 상봉역에 도착했지만, 집결지에 아무도 없어 잠시 역 대합실에서 여유를 즐겼다. 이내 대장님과 산우들을 만나 인원 파악을 마치고 8시 30분, 경춘선 지하철에 몸을 실었다. 1시간 20여 분을 달려 오전 9시 59분, 남춘천역에 도착했고, 미리 예약해 둔 미니버스를 타고 10시 45분, 오늘의 산행 출발점인 배후령에 도착하게 되었다.

오봉산의 매력적인 봉우리들을 넘어서

배후령에서 간단한 소개와 스트레칭을 마친 후, 10시 55분 오봉산을 향해 힘찬 발걸음을 내디뎠다. 정비 중인 등산로를 따라 오르막길을 오르다 11시 13분, 오봉산 제1봉에 도착했다. 이어 몇 분 만에 제2봉(11시 21분), 15분 만에 제3봉(11시 36분)을 차례로 등정하며 오봉산의 아기자기한 봉우리들을 만끽했다.

특히 11시 51분, 청솔바위에 도착해 바위를 오르는 모습은 아찔하면서도 멋진 풍경을 선사했다. 스스로 제 자신에게 "오봉산 제4봉은 어디에 있는 것일까?"라는 재치 있는 질문을 던졌지만 답을 찾지 못했다. 아마도 청솔바위가 제 4봉을 대신하거나, 제4봉은 눈에 띄지 않게 숨어 있었을지도 모른다는 생각을 하게 되었다. 12시 8분, 드디어 오봉산 정상에 도착하게 되었다.

자연이 선사하는 휴식과 유람선 코스

오봉산 정상에서 10여 분 이동하여 12시 25분, 청평사 갈림길 이정표 근처에서 조은산악회 회원들과 함께 즐거운 점심식사를 했다. 각자 가져온 음식을 나누어 먹으며 산행의 피로를 잠시 잊었다. 13시 5분, 식사를 마치고 출발하여 구멍바위, 척번대 등 오봉산의 숨겨진 명소들을 탐방하며 하산길의 즐거움을 더했다.

특히 15시, 공주탕에 도착했을 때는 무더운 여름날의 산행 피로를 잊기 위해 계곡물에 온몸을 던지거나 발을 담그는 산우들의 모습을 보니 시원함이 전해지는 듯했다. 기우단 터의 소박함에 잠시 생각에 잠겼다 청평사 해탈문을 지나 청평사에 들렀다가. 구송폭포와 거북바위, 공주설화 동상을 지나 15시 43분, 청평사 유람선 선착장에 도착하여 유람선에 몸을 실었다. 소양강을 가로질러 16시 15분 소양강댐 유람선 선착장에 도착, 소양강 처녀상 앞에서 기념사진을 남기며 산행의 마지막을 장식하였다.

성공적인 마무리, 그리고 다음을 기약하며

소양강댐에서 미리 대기하고 있던 미니버스를 타고 닭갈비 식당으로 이동하며, 5시간 20분 동안 6.8km 산행은 마무리하게 되었다. 맑고 화창한 날씨 속에서 오봉산의 아름다움을 만끽하고, 시원한 계곡물에 발을 담그며 더위를 식히고, 유람선으로 소양강의 풍경까지 감상한 완벽한 여름 산행이었다.

안전하게 산행을 이끌어주신 리더님과 함께 즐거운 시간을 보내주신 조은산악회 회원님들께 다시 한번 감사드린다. 다음 산행에서는 또 어떤 멋진 풍경과 추억이 우리를 기다리고 있을지 기대가 된다!

치악산 산행,
즐거운 추억

강원도 원주시, 횡성군 소재
해발 1,288m
산행일 2021. 9. 11.

산행코스 : 치악산국립공원 사무소-구룡사-사다리병창길-치악산(비로봉) 정상-계곡길-신흥동 매표소-치악산 국립공원사무소

2021년 9월 11일, 가을의 청명함이 가득했던 치악산에서 나와 동료의 산행은 단순한 발걸음 그 이상이었다. 해발 1,288m의 비로봉을 향한 여정은 새벽 5시, 올림픽공원역에서의 만남부터 시작되었다. 택시를 타고 이동하며 나눈 소소한 대화, 잠시 길을 헤매는 유쾌한 해프닝까지, 산행의 시작부터 이미 추억은 쌓이고 있었다.

여정의 시작, 그리고 구룡사
치악산체험학습관 주차장에 도착해 스트레칭으로 몸을 푼 우리는 6시 30분, 드디어 산행의 첫발을 내디뎠다. 신흥 매표소를 지나 구룡사에 다다르자, 간밤 멧돼지들의 흔적이 이곳이 자연 그대로의 공간임을 상기시켜 주었다. 668년 의상대사가 아홉 마리 용을 물리치고 창건했다는 구룡사의 유래는, 굽이굽이 계곡을 따라 흐르는 물소리와 어우러져 더욱 신비롭게 느껴졌다.

비로봉을 향한 험난한 계단 길
세렴안전센터에서 잠시 숨을 고르고, 황장금표의 역사적 의미를 되새기며 세렴폭포의 아쉬움을 뒤로한 채 비로봉으로 향하는 사다리병창길은 이번 산행의 하이라이트였다. 수많은 나무계단, 철제계단, 돌계단은 비로봉으로 향하는 의지를 시험하는 듯했다. 발밑으로 아득히 펼쳐진 깊은 골짜기와 저 멀리 웅장하게 솟아

오른 치악산의 풍경은 힘든 여정 속에서도 큰 위안이 되었다.

치악산 정상, 세 개의 돌탑
마침내 오전 10시 21분, 치악산 비로봉 정상에 발을 디딘 순간의 감동은 이루 말할 수 없었다. 시루를 닮아 시루봉이라 불리기도 하는 이곳에는 칠성탑, 산신탑, 용왕탑이라는 세 개의 돌탑이 굳건히 서서 산객들을 맞이하고 있었다. 맑고 쾌청한 가을 날씨 속에서 마주한 치악산 의 비경은 그간의 노고를 모두 잊게 할 만큼 아름다웠다.

아쉬움과 함께한 하산
하산은 계곡 길을 선택해 내려오게 되었다. 경사가 심하고 너덜지대로 이루어진 이 길은 사다리병창길과는 또 다른 난이도를 선사했겠지만, 비로봉 정상에서 느

겼던 성취감과 가을 산의 정취가 함께하여 안전하게 발걸음을 옮길 수 있었다. 황장목 숲길과 구룡 야영장을 지나 치악산국립공원 사무소에 도착하며 7시간 15분, 13.2km의 대장정은 마무리하게 되었다.

악산이 아니라고?
흔히 전국 3대 악산 중 하나로 꼽히는 치악산. 하지만 내가 "생각했던 악산은 아닌 듯하였고 즐겁고 재미난 산행"이었다고 생각한다. 어쩌면 그건 치악산이 덜 험해서가 아니라, 산행을 함께하는 유쾌한 동행, 그리고 산을 사랑하는 우리들의 열정 덕분에 험한 길도 즐겁게 느껴졌던 건 아닐까? 생각해 본다.

함백산-태백산 연계 산행:
두 개의 정상을 품다

강원도 태백시/ 경상북도 봉화군 소재
해발 1,572m
산행일 2023. 8. 15.

산행코스 : 태백선수촌-함백산-태백선수촌/ 화방재-사길령-태백산 정상-망경사-당골탐방지원센터

2023년 8월 15일 화요일, 다음매일 산악회 회원 21명과 함께 강원특별자치도 정선군과 태백시에 걸쳐 있는 함백산과 태백산 연계 산행에 나섰다. '1일 2산'이라는 원대한 목표를 품고 새벽 5시부터 부지런히 움직였다. 흐리고 바람 불어 시원했던 날씨는 두 산을 오르는 데 큰 도움이 되었다.

함백산, 짧고 굵은 여정

이른 아침, 마을버스와 지하철을 갈아타고 6시 35분 사당역 10번 출구에 도착했다. 6시 50분, 산우들을 태운 버스는 함백산을 향해 출발했고, 치악휴게소에서 잠시 휴식을 취한 뒤 10시 5분, 태백선수촌에 도착했다. 10시 10분, 드디어 함백산 산행을 시작하여 만항재 갈림길을 지나 꾸준한 오르막길을 걸어 10시 36분, 해발 1,572m의 함백산 정상에 올랐다. 짧은 시간이었지만, 야생화와 풍력 발전단지가 어우러진 풍경은 함백산만의 매력을 선사했다. 정상에서 기념촬영을 마친 후, 10시 55분 태백선수촌 입구로 되돌아와 다음 목적지인 태백산으로 향했다.

태백산, 천제단의 기운을 느끼며

11시 12분, 버스는 태백선수촌을 출발해 구불구불한 길과 풍력 발전단지를 지나 화방재(어평재 휴게소)에 11시 35분 도착했다. 화방재에서 태백산 산행을 시작하여 풀이 우거진 등산로를 따라 이동하며 사길령을 거쳐 12시 12분 산령각에

도착했다. 산령각을 뒤로하고 여러 이정표를 지나 12시 45분 유일사 쉼터에 도착, 잠시 유일사를 둘러보며 숨을 돌렸다.

유일사를 뒤로하고 돌로 잘 정비된 오르막길을 따라 장군봉에 13시 44분 도착했다. 장군봉에서 바라보는 주목과 야생화, 그리고 웅장한 풍경은 산행의 피로를 잊게 해주는 듯했다. 13시 46분, 마침내 태백산 정상인 천제단에 도착하여 고대부터 하늘에 제사를 지내던 성스러운 곳, 천제단에서 옛 선조들이 하늘을 숭배한 기운을 느꼈다.

망경사와 당골광장, 아쉬움을 뒤로한 하산

천제단을 뒤로하고 망경사로 향하는 길은 경사가 있어 무릎에 충격이 올 수 있는 구간이었다. 조심스레 내려와 단종비각을 지나 14시 5분 망경사에 도착했다. 10년 전 가족들과 함께 컵라면을 먹었던 추억을 회상하며 잠시 상념에 잠겼다.

망경사를 뒤로하고 임도를 따라 하산하며 호식총, 나뭇가지에 가려 잘 보이지 않던 장군바위, 그리고 신비로운 이끼 군락지를 만났다. 돌계단과 급경사 구간이 이어지는 길을 조심스레 내려와 15시 30분 단군성전에 도착하게 되었다. 단군성전을 지나 태백석탄박물관을 거쳐 15시 40분, 당골탐방지원센터(당골광장)에 도착하며 함백산과 태백산을 아우르는 1일 2산 연계 산행의 대장정을 마무리하게 되었다.

성공적인 1일 2산, 다음을 기약하며
흐리고 바람 불어 좋은 날씨 속에서 함백산과 태백산 두 개의 정상을 모두 밟으며 1일 2산 연계 산행을 성공적으로 마쳤다. 다음 산행에서는 또 어떤 멋진 풍경이 우리를 기다리고 있을지 기대해 본다!

팔봉산,
아기자기한 암릉의 매력에 빠지다

강원도 홍천군 소재
해발 327.4m
산행일 2022. 10. 8.

산행코스 : 팔봉산 산행 안내센터-1봉-2봉-3봉-4봉-5봉-6봉-8봉-팔봉산 산행 안내센터

 2022년 10월 8일 토요일, 조은산악회 회원 16명과 함께 홍천 팔봉산으로 향했다. 지리산 산행 후 무릎 상태 점검과 다음날 대둔산 산행을 위한 사전 워밍업 차원에서 떠난 이번 산행은, '한국의 산하 100대 명산' 중 하나인 팔봉산의 아기자기한 매력을 만끽할 수 있는 기회였다.

새벽을 열고 팔봉산으로
오전 6시, 산행 준비를 마치고 집을 나섰다. 버스와 지하철을 갈아타고 7시 45분 상봉역에 도착. 약속 장소인 부산오뎅에서 등반대장님과 산우들을 만나 반가운 인사를 나누었다. 8시 25분, 경춘선에 몸을 싣고 1시간 15분 후 김유정역에 도착했다. 이곳에서 미리 준비된 차량으로 환승하여 10시 18분, 드디어 오늘의 목적지인 팔봉산 산행 안내센터에 도착했다. 경춘선에서 우연히 만난 유옥자님, 채정숙님과의 즉석 동행은 산행의 즐거움을 더했다.

여덟 개의 봉우리를 오르다
10시 25분, 팔봉산 등산 안내소를 출발한 산우들은 가볍게 자기소개 시간을 가진 후 1봉으로 향했다. 30분 만에 1봉에 도착한 후, 본격적인 암릉 산행의 재미가 시작되었다. 2봉으로 향하는 길은 암벽 구간이었지만, 모두 우회하지 않고 과감히 암벽을 선택해 11시 2봉에 올랐다. 2봉 하단에서 대장님이 준비해준 음식으로 꿀맛 같은 점심 식사를 즐기며 잠시 체력을 보충하게 되었다.

이어 3봉에 도착한 후에는 팔봉산의 명물, 해산 굴 체험이 기다리고 있었다. 해산할 때의 느낌을 손수 체험해 본다는 유래처럼, 좁고 아슬아슬한 해산 굴을 통과하며 산행의 묘미를 더했다. 해산 굴을 지나 12시 33분 4봉, 12시 52분 5봉, 13시 17분 6봉, 13시 23분 7봉을 차례로 정복하며 팔봉산의 기암괴석과 빼어난 풍경을 만끽했다.

8봉 등정, 그리고 아쉬운 하산
13시 52분, 팔봉산의 마지막 봉우리인 8봉에 도착했다. 이곳에서 충분한 휴식 시간을 가진 다음 14시 3분, 경사가 급한 하산길을 따라 산행 출발지로 발걸음을 옮겼다. 30여 분간의 하산 끝에 14시 35분, 다시 팔봉산 산행 안내센터에 도착하며 총 4시간 10분, 약 5km의 아기자기한 산행을 안전하게 마무리하게 되었다.

다음 산행을 기약하며

짧은 거리였지만, 여덟 개의 봉우리를 오르내리며 암릉의 매력을 한껏 느낄 수 있었던 팔봉산 산행이었다. 무릎 점검과 워밍업도 성공적으로 마쳤으니, 다음날 대둔산 산행도 무사히 마칠 수 있으리라 생각해 본다.

Ⅲ. 대전·세종·충남권

107	서산 가야산, 봄기운 가득한 능선 종주!
110	드디어 영접하다, 계룡산! 맑은 날의 짜릿한 종주
113	비 내리는 대둔산, 추억을 걷다
116	못다 한 아쉬움을 채운 용봉산-덕숭산 종주!
118	충청의 품에서 만난 드라마: 장령산-서대산 종주, 계획을 넘어선 감동 10.5km
120	바람과 함께 걷다, 은빛 억새의 오서산
123	한겨울 칠갑산, 맑은 공기 속 짜릿한 종주!

서산 가야산,
봄기운 가득한 능선 종주!

충청남도 서산시, 예산군 소재
해발 678m
산행일 : 2024. 3.24.

산행코스 : 상가저수지-가야산 정상-사자바위-석문봉-일락산-개심사-개심사 일주문

2024년 3월 24일 일요일, '좋은사람들' 산악회와 함께 서산 가야산을 찾았다. 서산에도 가야산이 있다는 사실을 이번 산행을 통해 처음 알게 되었다! 아침 5시, 설렘 가득한 마음으로 일어나 산행 채비를 마쳤다. 사당역 1번 출구에 도착하니 6시 20분, 맑은 하늘과 포근한 아침공기가 우리를 반겼다.

숨겨진 명산을 찾아서

7시 정각, 버스는 사당역을 출발해 양재역, 죽전에서 산우들을 태우고 고속도로를 시원하게 달렸다. 고덕 톨게이트를 빠져나와 8시 55분, 드디어 가야산 주차장에 도착했다. 9시, 주차장 입구의 벚꽃길을 시작으로 우리의 산행은 본격적으로 시작되었다. 남연군묘와 상가저수지 방향의 시멘트 길을 따라 걷다 보니, '내포문화 숲길' 이정표가 우리를 안내했다.

남연군묘에 들러 석문봉을 바라보고, 남은들 상여 보관소를 둘러본 뒤 다시 길을 나섰다. 상가저수지 둑을 따라 걸으며 가야봉을 감상하고, 저수지 좌측으로 방향을 틀자 드디어 본격적인 등산로가 나타났다. 자그마한 사방댐 근처에서는 봄나물을 채취하는 마을 주민들의 정겨운 모습도 볼 수 있었다.

가야봉 정상, 그리고 능선의 파노라마

사방댐을 뒤로하고 꾸준히 오르막을 오르자, 제법 너덜지대가 이어졌다. 조심스

럽게 발걸음을 옮기다 보니, 어느덧 가야봉으로 향하는 계단이 눈앞에 나타났다. 계단을 따라 힘차게 오르자 10시 35분, 드디어 가야봉 정상에 섰다! 맑은 날씨 덕분에 사방으로 펼쳐진 풍경은 그야말로 장관이었다. 푸른 산줄기들이 파노라마처럼 펼쳐지는 모습은 겨울의 삭막함을 잊게 할 만큼 아름다웠다.

가야봉을 뒤로하고 석문봉 방향으로 능선을 따라 걸었다. '소원바위'에서 잠시 소원을 빌어보고, 독특한 형상의 '사자바위'를 지나 11시 30분, 석문봉에 도착했다. 이곳에서 바라본 가야봉은 또 다른 각도로 웅장함을 뽐내고 있었다.

일락산과 개심사의 아쉬운 벚꽃
석문봉을 뒤로하고 일락산 방향으로 발걸음을 옮겼다. 12시 22분, 일락산 정상에 도착게 되었다. 가야산 옛 절터 이야기길 이정표를 지나 보원사지 방향으로

하산하며 철탑을 지나 임도에 접어들었다. 중간에 만난 전망대에 올라 다시 한 번 주변 경치를 감상하는 여유도 가졌다.
계곡 방향으로 하산을 이어가다 보니, 오후 1시 30분, 고즈넉한 개심사에 도착했다. 아쉽게도 개심사의 명물인 왕벚꽃은 아직 개화 전이라 만날 수 없었지만, 그 아름다운 자태를 상상하며 아쉬움을 달랬다. 개심사를 둘러보고 일주문을 통과하니 13시 50분, 오늘의 산행은 막을 내렸다.
비록 왕벚꽃은 볼 수 없었지만, 맑은 날씨 속에서 봄기운 가득한 가야산의 능선을 종주하며 잊지 못할 추억을 만들었다.

드디어 영접하다, 계룡산!
맑은 날의 짜릿한 종주

충청남도 공주시, 논산시 소재
해발 766m
산행일 2023. 9. 9.

산행코스 : 동학사 주차장-은수암-삼불봉-자연성릉-계룡산(관음봉) 정상-갑사-갑사 주차장

2023년 9월 9일 토요일, 드디어 계룡산을 품에 안았다. 그동안 여러 번 시도했으나 번번이 무산되었던 산행이라, 동학사 주차장에 발을 내딛는 순간부터 감회가 새로웠다. 새벽 5시, 일찌감치 일어나 분주히 준비를 마치고 사당역으로 향했다. 맑고 푸른 하늘과 뭉게뭉게 피어난 흰 구름은 오늘 산행이 특별할 것이라는 기분 좋은 예감을 안겨주었다.

산으로 가는 길, 그리고 첫 발자국

약간의 연착이 있었지만, 6시 55분 사당역을 출발한 버스는 양재역과 죽전, 신갈에서 다음매일 산악회 회원들을 태우고 경부고속도로를 시원하게 달렸다. 옥산휴게소에서 잠시 숨을 고른 후, 유성 톨게이트를 빠져나와 9시 35분, 동학사 주차장에 도착했다. 간단히 산행 준비를 마치고 9시 40분, 우리는 계룡산의 품으로 첫발을 내디뎠다.

동학사 매표소를 지나 일주문을 통과하는 길은 시작부터 경건한 분위기를 자아냈다. 관음봉과 삼불봉을 향하는 이정표를 따라 걷다 보니, 어느새 시간은 10시 5분, 문수암 갈림길에 닿아 있었다. 울창한 계곡 길을 따라 30여 분 더 걸었을까, 10시 37분 드디어 남매탑 하단에 도착하게 되었다. 전설을 품고 있는 남매탑은 그 자체로 고즈넉한 아름다움을 뽐내고 있었다.

능선의 춤, 삼불봉과 관음봉의 절경

남매탑을 뒤로하고 돌계단을 오르자 11시 20분, 삼불봉 정상에 섰다. 이곳에서 바라본 계룡산의 능선은 마치 살아있는 용처럼 꿈틀거리는 듯했다. 탁 트인 조망 아래 푸른 산들이 겹겹이 펼쳐지는 풍경은 탄성을 자아냈다.

삼불봉에서 철계단을 따라 내려와 자연성릉을 따라 걷는 길은 마치 구름 위를 걷는 듯했다. 좌우로 펼쳐지는 비경에 감탄하며 걷다 보니, 어느새 관음봉으로 향하는 마지막 360계단이 눈앞에 나타났다. 한 칸 한 칸 힘겹게 오르자 12시 20분, 드디어 관음봉 정상에 섰다. 계룡산의 웅장한 기상이 온몸으로 느껴지는 순간이었다. 맑은 날씨 덕분에 저 멀리까지 시원하게 뻗은 산줄기들이 한눈에 들어왔다.

갑사로의 하산, 또 다른 아름다움

관음봉을 뒤로하고 12시 45분, 연천봉 고개에 도착했다. 내일 내장산 산행을 위해 체력 안배가 필요했기에, 아쉽지만 연천봉은 다음 기회로 미루고 갑사 방향으로 하산을 시작했다. 경사진 등산로를 따라 내려가는 길은 오를 때와는 또 다른 즐거움을 주었다.

원효대와 석조약사여래입상을 지나 갑사 경내로 들어서자, 천년고찰의 고즈넉한 풍경이 발걸음을 멈추게 했다. 웅장한 사천왕문을 지나 갑사탐방지원센터와 일주문을 통과하니, 시계는 정확히 14시를 가리키고 있었다.

오늘의 산행을 안전하게 이끌어주신 등반대장님께 깊이 감사드린다. 그리고 맑고 푸른 하늘 아래 계룡산의 절경을 함께 만끽하며 즐거운 시간을 만들어준 다음매일 산악회 회원들에게도 고마움을 전하고 싶다. 계룡산이 준 짜릿한 성취감과 아름다운 추억을 오랫동안 간직하고 싶다. 다음은 또 어떤 풍경이 우리들의 산행을 즐겁게 할지 기대된다!

비 내리는 대둔산, 추억을 걷다

충청남도 금산시,
논산시/ 전라북도 완주군 소재
해발 878m
산행일 2022. 10. 9.

산행코스 : 대둔산 주차장-동심 바위-삼선 계단-대둔산(마천대) 정상-용문골-칠성 전망대-용문골 입구

    2022년 10월 9일, 대둔산은 촉촉한 가을비로 우리를 맞았다. 한국 100대 명산 중 스물여덟 번째 봉우리. 단순히 숫자를 채우는 산행이 아니었다. 팔봉산에서 다져진 체력에 대한 확신, 산행 대장님과의 오랜 인연, 그리고 논산 훈련소 시절 막연히 듣기만 했던 대둔산 이야기가 어우러져 설렘과 향수가 교차하는 날이었다.

충무로역 5번 출구, 새벽 6시 반의 웅성거림 속에서 조은산악회 회원들과 합류했다. 낯선 길도 능숙하게 헤쳐 나가는 베테랑 승무원 덕분에 천안 호두 휴게소에서의 짧은 휴식 후, 우리는 오전 9시 50분 대둔산 주차장에 도착했다. 비 예보에 맞춰 준비한 우중 산행 장비를 점검하며, 빗방울 머금은 대둔산을 향해 첫 발을 내디뎠다.

케이블카 승강장을 지나 동학혁명비 앞에 모여 간단한 소개와 함께 오늘의 산행 브리핑. 계곡을 따라 30분 남짓 오르니 상부 케이블카와 등산로 입구 갈림길이 나타났다. 동심 바위를 지나 해발 670m 지점, 원효사 이정표가 있는 곳에 이르자 시계는 11시 10분을 가리키고 있다. 여기서 우리는 두 개의 팀으로 나뉘었다. 금강 구름다리로 향하는 이들과 삼선 계단으로 향하는 이들.....

점심시간은 빗속에서 뜻밖의 운치를 더했다. 삼선 계단으로 향하기 전 팔각정에

서 대장님이 미리 잡아주신 자리는 비를 피하기에 완벽했다. 각자 싸 온 도시락을 나누며 도란도란 이야기꽃을 피우니, 빗소리는 어느새 정겨운 배경음악이 되었다. 오후 12시 2분, 든든히 배를 채우고 다시 삼선 계단으로 발걸음을 옮겼다.

심장이 약하거나 고소공포증이 있는 이들은 우회했지만, 나는 망설임 없이 삼선 계단에 도전했다. 한 칸 한 칸 오를 때마다 발아래 펼쳐지는 비경은 감탄을 자아냈다. 마천대 350m, 케이블카 350m 갈림길을 지나 오후 12시 30분, 마천대 150m 지점에 다다랐고, 불과 몇 분 뒤인 12시 33분, 마침내 대둔산 마천대 정상에 섰다. 빗줄기 속에서도 웅장한 대둔산의 품은 경외심을 불러일으켰다.

오후 12시 40분, 아쉬움을 뒤로하고 하산을 시작했다. 용문골 삼거리 방향은 비에 젖은 암릉구간이 많아 더욱 조심스러웠다. 오후 12시 45분, 마천대 300m와

용문골 삼거리 300m 갈림길에 도착했고, 이어 태고사, 낙조대 갈림길을 지나 오후 1시 18분, 용문골 삼거리 400m 지점에 이르렀다. 용문굴과 칠성봉 전망대를 경유하여 오후 2시 15분, 용문골 등산로 입구에 도착하며 무사히 산행을 마쳤다.

비록 비가 내리는 날이었지만, 대둔산은 그만의 또 다른 매력을 선사했다. 궂은 날씨에도 흔들림 없이 우리를 이끌어주신 대장님과 리더님, 그리고 빗속에서도 유쾌함을 잃지 않았던 조은산악회 회원들에게 진심으로 감사드린다. 다음 산행에서 또 다른 추억을 만들기를 기대하며, 대둔산의 비 내리는 정취를 오래도록 기억할 것이다.

못다 한 아쉬움을 채운 용봉산-덕숭산 종주!

충청남도 홍성군 / 충청남도 예산군
용봉산 해발 381m
덕숭산 해발 495m
산행일 2024. 3. 24.

산행코스 : 용봉초등학교 입구-투석봉-용봉산 정상-용바위-수덕 고개-덕숭산 정상-수덕사 주차장

지난 3월 24일 일요일, '좋은사람들'과 함께 충남 용봉산과 덕숭산을 종주했다. 지난번 용봉산 산행 때 미처 닿지 못했던 덕숭산에 대한 아쉬움이 컸던 터라, 이번 산행은 더욱 간절했다.
새벽 5시, 알람 소리에 눈을 비비며 일어나 산행 채비를 서두르고, 5시 20분 집을 나서는 발걸음은 가벼웠다. 사당역에 도착하니 6시 20분, 이른 시간임에도 벌써 설렘으로 가득 찬 산우들의 얼굴을 마주했다.

못다 한 아쉬움을 채우다

사당역에서 버스에 몸을 싣고 용봉산으로 향하는 길. 지난번처럼 고속도로를 달려 용봉초등학교 입구에 도착했다. 오전에는 구름이 드리웠지만, 오후가 되자 언제 그랬냐는 듯 햇살이 쏟아져 내렸다. 아침 기온 영상 8도에서 낮 최고 22도까지 오르는 쾌적한 날씨는 산행의 즐거움을 더해주었다. 용봉초등학교 입구부터 시작된 산행은 매표소를 지나 미륵암, 미륵불의 고즈넉한 풍경을 감상하며 투석봉을 거쳐 용봉산 정상에 닿았다. 익숙한 길이었지만, 다시 만난 용봉산의 기암괴석들은 여전히 신비롭고 웅장했다.

용봉산에서 덕숭산까지, 12.6km의 여정

용봉산 정상을 뒤로하고 노적봉, 악귀봉, 용바위, 전망대를 지나 뫼넘이 고개에 이르기까지, 용봉산의 다채로운 매력을 다시 한번 만끽했다. 그리고 드디어 지

난번의 아쉬움을 달래줄 수덕고개를 넘어 덕숭산으로 향했다. 용봉산과는 또 다른 매력을 지닌 덕숭산의 능선을 걷는 내내 가슴이 벅차올랐다. 총 12.6km에 달하는 긴 산행이었지만, 4시간 45분 동안 지루할 틈 없이 이어지는 절경에 피로도 잊은 채 걸었다. 마지막 목적지인 수덕사에 도착하여 아름다운 사찰의 풍경을 감상하고 수덕사 주차장에서 이번 산행을 마무리하게 되었다.

이번 용봉산과 덕숭산 종주 산행은 단순히 두 산을 다녀온 것을 넘어, 지난 아쉬움을 채우고 새로운 추억을 쌓는 뜻깊은 시간이었다. 25명의 '좋은사람들'과 함께 땀 흘리며 나눈 이야기는 산행의 즐거움을 배가시켰다. 함께 걸었기에 더욱 값지고 아름다웠던 하루였다. 다음 산행은 또 어떤 이야기와 풍경을 선사해 줄지 기대가 된다.

충청의 품에서 만난 드라마:
장령산-서대산 종주,
계획을 넘어선 감동 10.5km

충청남도 금산군, 충청북도
옥천군 소재
해발 901m
산행일 2024. 4. 13.

산행코스 : 장령산자연휴양림 주차장-구름다리-장령산 정상-장령산자연휴양림 주차장/ 성당리 개덕사 입구
-개덕사-서대산 정상-장군봉-사자바위-서대산 드림 리조트 주차장

  2024년 4월 13일 토요일, 충청의 품에서 장령산과 서대산을 넘나드는 산행은 그 자체로 한 편의 드라마였다. 오전 7시, 아직 도시는 잠들어 있을 무렵 사당역 1번 출구에서 시작된 여정은 맑은 하늘과 넉넉한 기온이 함께한 축복이었다. '좋은사람들' 28명의 산우들과 함께, 총 10.5km를 5시간 10분 만에 주파하는 기염을 토했다.

장령산, 예상치 못한 첫 만남

당초 계획은 서대산이었지만, 산불 예방 통제라는 변수가 장령산을 먼저 만나게 했다. 10시 35분, 장령산자연휴양림 주차장에 발을 디딘 순간부터 새로운 모험이 시작되었다. 야영장을 지나 구름다리를 건너는 길, 계곡을 따라 오르는 발걸음은 때로는 힘겨웠지만, 정상(656m)에서 마주한 풍경은 모든 노고를 잊게 할 만큼 아름다웠다. 1시간 50분이라는 짧은 시간 안에 그 모든 것을 품어낼 수 있었던 것은, 아마도 자연이 주는 위로 덕분이었을 것이다.

서대산, 만만치 않은 대장정

장령산의 기운을 받아 12시 55분, 드디어 서대산으로 향했다. 성당리 개덕사 입구에서 시작된 두 번째 여정은 아스팔트 길을 따라 개덕사(서대폭포)에 이르는 것부터 만만치 않았다. 하지만 진정한 도전은 개덕사 좌측 등산로에서 시작되

었다. 100m 간격으로 촘촘히 박힌 이정표들은 마치 산이 우리에게 내어준 길잡이 같았다. '서대산 4-1'부터 '서대산 4-10'까지, 숫자가 늘어날수록 숨은 가빠졌지만, 14시 35분 서대산 정상에 섰을 때의 뿌듯함은 그 어떤 숫자와도 바꿀 수 없는 것이었다.

하산길은 더욱 기묘했다. 사자바위는 아무리 보아도 '주먹 바위'로 보이는 착시(?)를 선사했고, 구름다리는 보수 공사로 멀리서만 아쉬움을 달래야 했다. 지그재그 너덜지대를 지나 마당바위, 용바위를 거쳐 서대산 드림 리조트에 도착하니 16시 15분, 우리의 발자국은 총 10.5km의 기록을 세웠다.

산이 주는 선물

이번 산행은 단순히 두 개의 산을 오르고 내리는 것을 넘어, 예측 불가능한 상황에 유연하게 대처하는 지혜와 함께 걷는 즐거움이 얼마나 큰 힘이 되는지를 깨닫게 해 주었다. 맑은 날씨, 아름다운 풍경, 그리고 함께 웃고 땀 흘린 '좋은사람들'. 이 모든 것이 어우러져 기억에 오래도록 남을 산행이 되었다.

바람과 함께 걷다,
은빛 억새의 오서산

충청남도 보령시, 홍성군 소재
해발 790.7m
산행일 2024. 2. 17.

산행코스 : 성연주차장-시루봉-무선 중계기-오서산 정상- 오서전망대-정암사-상담대형주차장

2024년 2월 17일 토요일, 구정 연휴 전부터 손꼽아 기다리던 오서산 산행을 다녀왔다. 충청남도 보령시와 홍성군에 걸쳐 있는 오서산은 특히 가을 억새로 유명하지만, 겨울의 억새도 나름의 운치가 있지 않을까? 아침 5시, 몸과 마음을 단단히 먹고 집을 나섰다. 사당역 1번 출구에 도착하니 6시 35분, '좋은사람들' 산악회 회원들의 활기찬 기운이 추운 날씨를 녹이는 듯했다.

고속도로를 가로질러, 오서산으로!

7시 정각, 버스는 사당역을 출발해 양재역, 죽전, 신갈에서 나머지 산우들을 태웠다. 경부고속도로, 평택제천고속도로, 서해안고속도로를 번갈아 타며 시원하게 뻗은 길을 달렸다. 서산휴게소에서 잠시 휴식을 취하고, 9시 5분 다시 출발! 광천 톨게이트를 빠져나오니 9시 45분, 드디어 오늘의 목적지인 성연주차장에 도착했다. 흐린 날씨와 제법 매서운 바람이 우리를 맞았지만, 산행의 설렘은 그 어떤 추위도 막을 수 없었다.

칠흑 같은 오르막, 그리고 정상의 풍경

9시 50분, 성연주차장을 출발해 임도를 따라 걷기 시작했다. 시루봉으로 향하는 이정표를 따라 발걸음을 옮기자, '청라 장현 임도' 표지석이 눈에 들어왔다. 꾸준히 오르막길을 오르다 보니, 어느덧 10시 35분, 시루봉 정상에 도착하게 되었다. 제법 거친 바람이 불어왔지만, 능선길에서 바라보는 풍경은 그 힘든 오르막

을 보상해 주기에 충분했다.

시루봉을 뒤로하고 능선을 따라 이동하니 무선 중계기가 나타났다. 이곳은 오서산 정상까지 불과 0.2km 남은 지점! 설렘을 안고 몇 걸음 더 옮기자, 11시 10분, 마침내 오서산 정상에 섰다. 비록 억새가 만개한 가을은 아니었지만, 겨울바람에 흔들리는 은빛 억새는 묘한 쓸쓸함과 함께 장엄한 아름다움을 선사했다. 사방으로 펼쳐진 풍경은 흐린 날씨에도 불구하고 압도적이었고, 차가운 바람은 오히려 정신을 맑게 해주었다.

오서정의 추억, 평화로운 하산길

정상에서 잠시 경치를 감상한 뒤 하산을 시작했다. 명대계곡, 오서정 등 다양한 갈림길 이정표를 지나 오서전망대에 도착하니 11시 40분이 되었다. 오서전망대에서는 우리가 걸어온 능선길이 한눈에 들어왔다.

오서전망대를 뒤로하고 평화통일기념탑이 있는 곳에서 정암사 방향으로 하산을 시작했다. 제법 가파른 하산길이었지만, 풍경을 감상하며 걷다 보니 어느새 12시 25분, 고즈넉한 정암사에 도착했다. 정암사를 지나 시멘트 포장길과 숲길을 번갈아 걸으며 여유롭게 하산하게 되었다.

드디어 오후 1시, 상담주차장에 도착하며 오늘의 산행을 마무리하게 되었다. 바람이 차고 흐린 날씨였음에도 불구하고, 오서산은 그만의 고유한 매력으로 우리를 감동시켜 주었다.

한겨울 칠갑산,
맑은 공기 속 짜릿한 종주!

충청남도 청양군 소재
해발 561m
산행일 2024. 1. 13.

산행코스 : 천장호 주차장-천장호 출렁다리-칠갑산 정상-금두산-칠갑산 장승공원-장곡 주차장

    2024년 1월 13일 토요일, 영하의 날씨에도 맑고 청량한 칠갑산을 다녀왔다. '좋은사람들' 산악회와 함께한 이번 산행은 새벽 5시 15분, 집을 나서는 것부터 시작되었다. 4호선과 3호선을 거쳐 양재역 12번 출구에 도착하니 6시 25분. 칼바람 속에서도 설렘이 가득했다.

여정의 시작, 그리고 천장호 출렁다리

예정보다 5분 늦은 7시 15분, 버스는 양재역을 떠나 죽전에서 마지막 산우들을 태우고 경부고속도로를 달렸다. 정안휴게소에서 잠시 숨을 고른 뒤, 오전 9시 25분, 마침내 충남 청양의 천장호 주차장에 도착했다. 옷깃을 여미며 9시 30분 산행을 시작, 가장 먼저 우리를 반긴 것은 아침 햇살에 반짝이는 천장호 출렁다리였다. 생각보다 길고 웅장한 다리를 건너며 저 멀리 보이는 산세에 감탄사가 절로 나왔다. '콩 밭 매는 아낙네 상'을 지나 오르막길을 오르며 뒤돌아본 출렁다리는 또 다른 풍경으로 다가왔다. 곳곳에 설치된 국가지점번호 안내판은 신기한 이정표가 되어주었다.

칠갑산 정상, 그리고 겨울 능선의 파노라마

천장호 출렁다리에서 약 1시간 30분을 오르자, 오전 11시 드디어 칠갑산 정상에 도착했다! 들머리 방향으로는 천장호 출렁다리가, 날머리 방향으로는 장곡 주차장 등 다양한 하산길이 안내되어 있었다. 맑은 날씨 덕분에 사방으로 탁 트인 조

망은 가슴까지 시원하게 만들었다. 차가운 겨울 공기 속에서 바라본 칠갑산의 능선은 더욱 선명하고 아름다웠다.

정상에서의 짧은 휴식 후, 11시 30분 삼형제봉에 도착했다. 마침 이곳에서 산신제를 지내고 시루떡을 나눠주어 따뜻한 정을 느낄 수 있었다. 삼형제봉을 지나 금두산, 백리산을 거치며 칠갑산의 겨울 풍경을 만끽했다. 아기자기하면서도 웅장함을 잃지 않는 능선길은 걷는 내내 지루할 틈이 없었다.

장승공원의 미소, 산행의 마무리

오후 1시 40분, 칠갑산 장승공원을 지나 장곡 주차장에 도착하며 오늘의 산행을 마무리했다. 다양한 표정의 장승들이 마치 우리를 환영하듯 서 있는 모습은 잊지 못할 추억을 선사했다. 쌀쌀한 날씨에도 불구하고 함께 웃고 걸으며 완주한 칠갑산은 몸과 마음을 더욱 단단하게 해주었다.

Ⅳ. 충북권

126   전날의 피로를 잊게 한 구병산, 그 넉살 좋은 풍경 속으로!
128   빗속을 뚫고 오른 금수산: 두 번 밟은 정상, 두 배의 추억
130   다시 찾은 도락산, 추억과 감회 사이
132   민주지산, 겨울이 빚어낸 한 폭의 그림
134   소백, 바람 따라 추억 따라
137   속리산, 27년 만의 재회: 추억을 걷고 희망을 밟다
140   추억을 더듬어 오른 월악산, 그 잊지 못할 겨울 풍경 속으로
143   로프 타고 오르니, 선계가 펼쳐지네! 천태산, 그 아찔하고도 황홀했던 기록
146   그 산에 얽힌 기나긴 사연, 겨울 칠보산, 드디어 발을 딛다!

전날의 피로를 잊게 한 구병산,
그 넉살 좋은 풍경 속으로!

충청북도 보은군 소재
해발 876m
산행일 2023. 11. 26.

산행코스 : 적암리 버스정류장-팔각정-신선대-853봉-구병산 정상-숨은 골-적암리-속리산 휴게소

　　　산에 오르지 않고는 못 배기는 이들은 전날의 피로쯤은 대수롭지 않게 여긴다. 덕룡산, 주작산, 두륜산의 기운을 채 털어내지도 못한 채, 2023년 11월 26일, 또다시 구병산의 부름에 응해 보았다. 아침 5시 20분부터 시작된 여정은 사당역 10번 출구에서 비로소 동료들과 합류하며 본격적인 기대감으로 부풀어 올랐다. 버스 창밖으로 솟아오르는 해는 마치 "어서 와, 이쯤은 기본이지?"라며 격려하는 듯했다.

구병산IC 정류장에 도착하자마자 몸을 풀고, 적암리 마을의 정겨운 풍경 속으로 발을 들였다. 산불감시초소에서 입산 대장을 적는 잠깐의 '의식'은, 우리가 잠시 자연의 손님이 됨을 일깨워 주는 듯하였다. 임도를 따라 오르다 만난 팔각정은 잠시 쉬어갈 여유를 주었고, 이어진 능선길은 점점 더 우리를 신선대의 품으로 이끌었다. 10시 40분, 신선대 정상에 서니, 마치 신선이라도 된 양 주변 풍광을 굽어보는 호사스러운 기분!

신선대를 뒤로하고 853봉을 향하는 길은 만만치 않았다. 특히 구병산으로 향하는 암벽 구간은 줄을 잡고 한 발 한 발 오르는 짜릿함이 압권이었다. 숨이 턱까지 차오를 때쯤, 시계는 12시 5분을 가리키며 우리가 구병산 정상에 도달했음을 알렸다. 좁디좁은 정상석 앞이지만, 그곳에서 바라본 사방은 넓고 시원했다. 이곳에서 바라보는 풍경은 그 어떤 피로도 잊게 할 만큼 아름다웠다.

하산길은 숨은 골의 매력에 푹 빠졌다. 깊은 계곡에 쌓인 낙엽은 때론 길을 잃게 만들기도 했지만, 그 덕분에 우리는 더욱 조심스럽게, 자연의 숨결을 느끼며 발걸음을 옮길 수 있었다. 비나 눈이 오면 접근이 어려울 것이라는 경고가 무색하게, 맑은 날의 숨은 골은 또 다른 비경이었다. 그렇게 계곡을 따라 내려오다 익숙한 적암리 마을이 다시 나타났고, 피스퀘어 드론 교육원을 지나 속리산 휴게소에 도착하며 오늘의 산행은 막을 내렸다.

총 4시간 35분, 약 9.3km의 산행! 전날의 산행으로 피로했지만, 구병산이 선사한 신선대와 아찔한 암벽, 그리고 숨은 골의 매력은 우리의 산행 욕구를 더욱 불태우기에 충분했다.

빗속을 뚫고 오른 금수산:
두 번 밟은 정상, 두 배의 추억

충청북도 제천시 소재
해발 1,016m
산행일 2024. 6. 8.

산행코스 : 상천 주차장-보문정사-용담폭포 삼거리-금수산 정상-망덕봉-용담폭포-상천 주차장

  2024년 6월 8일, 흐리고 비 내리는 토요일 아침, 저는 설렘과 걱정을 안고 충북 제천의 금수산으로 향했다. 애초 목표는 1일 2산. 하지만 날씨는 제게 금수산 하나에 모든 열정을 쏟으라 종용하는 듯했다. 새벽 4시 기상, 이른 아침부터 분주하게 움직여 사당역에 도착했을 땐 이미 동이 터오고 있었다. 버스는 양재와 죽전을 거쳐 산우들을 가득 태운 채 빗길을 달렸고, 치악 휴게소의 짧은 휴식을 뒤로하고 상천 주차장에 닿았다.

9시 50분, 드디어 금수산 산행의 시작. 시멘트 길을 따라 마을회관과 보문정사를 지나 별밤 차박 캠핑장까지는 여유로웠다. 용담폭포는 나무에 가려 아쉬웠지만 괜찮았다. 진짜는 그다음 부터였으니까.
본격적인 등산로에 들어서자마자 계단이 끝없이 이어졌고, 하늘에선 굵은 빗방울이 쏟아지기 시작했다. 옷은 금세 젖었지만, 빗소리는 오히려 발걸음에 리듬을 더했다. 힘겹게 계단을 오르고 너덜지대를 지나 마침내 12시, 금수산 정상에 섰다. 빗속에서 바라본 풍경은 장엄했지만, 이정표의 오해로 망덕봉 가는 길을 놓쳐버렸다. 다시 삼거리로 내려왔다가, 빗줄기를 뚫고 다시 오른 정상! 12시 35분, 두 번 밟은 정상은 제게 두 배의 성취감과 잊지 못할 추억을 선사했다.

  정상에서의 아쉬움을 뒤로하고 망덕봉으로 향했다. 바위와 급경사가 이어진 하산길은 미끄러웠지만, 조심스럽게 한 발 한 발 내디뎠다. 용담폭포는 여전히 아

쉬운 물줄기를 보였지만, 빗속을 헤치며 산을 내려오는 그 자체로 충분히 의미 있었다. 14시 25분, 상천주차장에 도착했을 때 비록 가은산은 다음을 기약해야 했지만, 제 얼굴에는 빗물과 땀방울, 그리고 성취감이 뒤섞인 미소가 번졌다.

궂은 날씨에도 안전한 산행을 이끌어주신 대장님과 함께한 산우들 덕분에 금수산은 잊지 못할 산행으로 기억될 것이다. 때로는 계획이 틀어지고 어려움이 따를지라도, 그 속에서 새로운 즐거움과 깨달음을 얻는 것이 산행의 묘미 아닐까? 비 오는 날의 금수산, 기대 이상의 추억을 안고 돌아왔다.

다시 찾은 도락산,
추억과 감회 사이

충청북도 단양군 소재
해발 964m
산행일 2023. 8. 27.

산행코스 : 상선암 주차장-제봉-도락산 정상-채운봉-상선암 주차장

  2023년 8월 27일, 푸른 기운 감도는 일요일, 저는 다음매일 산악회 회원 11명과 함께 도락산에 올랐다. 대야산 산행 직후라 몸은 다소 지쳐 있었지만, 설렘이 더 컸다. 이곳은 포항등산학교 17기 수료 후 첫 단합 산행을 했던 특별한 장소였기 때문이다. 새벽 5시에 일어나 4호선 지하철을 타고 사당역에 도착했을 땐 이미 6시 35분, 고요한 역 주변은 등산객들의 활기로 서서히 깨어나고 있었다.

6시 50분, 버스는 사당역을 떠나 양재역에서 산우들을 태우고 경부고속도로, 영동고속도로, 평택-제천고속도로를 가르며 달렸다. 천등산 휴게소에서의 짧은 휴식 후 다시금 평택-제천고속도로와 중앙고속도로를 따라 이동, 마침내 9시 20분, 월악산 단양 탐방안내소에 도착하게 되었다. 낯익은 풍경들이 예전의 기억을 소환하며 감회를 더했다.

9시 25분, 12명의 '남정네'들은 제봉 방향으로 발걸음을 옮겼다. 도락산 신선마을과 상선암을 거쳐 오르는 길은 마치 시간이 멈춘 듯 평화로웠다. 제봉에 도착하니 10시 35분, 땀방울 송골송골 맺혔지만 탁 트인 조망에 탄성이 절로 나왔다. 이어서 신선봉에 닿으니 11시 18분, 옛 신선들이 장기를 두었다는 넓은 바위는 그 이름값을 하듯 주변 경관과 어우러져 한 폭의 그림 같았다. 이곳에서 잠시 숨을 고르며 자연의 웅장함에 취했다.

11시 30분, 드디어 도락산 정상에 섰다. 익숙하면서도 새로운 정상석 앞에서 기념사진을 남기고 가져온 간식을 나눠 먹으며 잠시 휴식을 취했다. 짧지만 달콤한 정상에서의 시간을 뒤로하고 11시 38분 하산을 시작했다. 내궁기 삼거리를 지나 신선봉을 거쳐 11시 58분, 다시 도락산 삼거리에 도착했다.

하산은 채운봉 방향으로 이어졌다. 오르락내리락 굴곡진 길을 따라 검봉전망대를 경유하여 12시 27분, 채운봉에 도착했다. 이곳에서 바라본 경치는 또 다른 감동을 선사했다. 채운봉을 뒤로하고 상선암 주차장으로 향하는 길, 익숙한 이정표들이 반가움을 더했다. 13시 25분, 마침내 월악산 탐방안내소에 도착하며 4시간에 걸친 7.1km의 도락산 산행을 무사히 마무리했다.

이번 산행은 단순히 산을 오르는 것을 넘어, 과거의 나와 현재의 나를 이어주는 소중한 시간이었다. 옛 추억이 새록새록 떠오르는 동시에, 함께한 산우들과의 새로운 추억을 만들 수 있었던 뜻깊은 하루였다.

민주지산,
겨울이 빚어낸 한 폭의 그림

충청북도 영동군/ 경상북도 김천시/ 전라북도 무주군 소재
해발 1,241m
산행일 2023. 1. 8.

산행코스 : 도마령-각호산- 민주지산 정상-석기봉-황룡사-물한계곡 주차장

    2023년 1월 8일, 대기 8번의 기적처럼 조은산악회와 함께 민주지산에 올랐다. 영하 9도의 아침, 영상 9도의 낮, 맑고 잔잔한 바람은 마치 겨울이 그려낸 한 폭의 수채화 같았다. 도마령에서 시작된 12.6km의 여정은 6시간 5분간 이어졌고, 43명의 산우들과 함께 설산의 아름다움을 만끽했다.

사당역을 떠나 옥산, 황간 휴게소를 거쳐 도착한 도마령. 10시 35분, 드디어 민주지산의 품으로 발을 들였다. 각호산에 다다르자 뽀드득거리는 눈 소리는 힘든 여정을 응원하는 듯했고, 그 소리에 맞춰 발걸음도 경쾌했다. 민주지산 정상에서 맛본 꿀맛 같은 점심은 산행의 피로를 잊게 할 만큼 달콤했다.

석기봉으로 향하는 길은 경사가 심해 조심스러웠지만, 겨울 산 특유의 미끄러움은 때론 즐거운 눈썰매가 되기도 했다. 아쉽게도 시간 관계상 삼도봉을 뒤로하고 물한계곡 주차장으로 하산했지만, 그 아쉬움마저도 다음을 기약하는 설렘으로 바뀌었다. 흔들다리를 건너 황룡사를 지나 물한계곡 주차장에 도착하니, 16시 40분. 안전하게 산행을 마쳤다는 안도감과 함께 뿌듯함이 밀려왔다.

세분의 대장님들의 헌신적인 리딩 덕분에 모두가 안전하게 산행을 즐길 수 있었다. 함께 웃고 땀 흘린 조은산악회 산우들께도 감사드린다. 삼도봉에 대한 아쉬움은 남지만, 눈 쌓인 겨울 민주지산의 풍경은 그 자체로 감동이었다.

소백,
바람 따라 추억 따라

충청북도 단양군/ 경상북도 영주시 소재
해발 1,439.5m
산행일 2022. 5. 28.

산행코스 : 어의곡 주차장-소백산(비로봉) 정상- 주목 군락지-연화봉-희방사-희방사 제1주차장

    2022년 5월 28일, 초여름의 문턱에서 소백산 자락에 발을 디뎠다. 아침 11도의 쌀쌀함은 이내 27도의 따사로운 기운에 녹아들었고, 맑은 하늘 아래 산들바람은 그야말로 '신선놀음'을 위한 완벽한 배경이 되어주었다. 어의곡 주차장에서 시작된 14.8km의 여정은 비로봉의 웅장함을 지나 연화봉의 고즈넉함까지, 6시간 반 동안 다채로운 풍경을 선물했다. 지난 소백의 기억이 "허허벌판에 보잘 것 없다"는 다소 박한 평가였던 나에게, 이날의 소백은 놀랍도록 '변화된 모습'으로 다가왔다.

    이른 새벽, 배낭을 메고 집을 나서는 발걸음은 설렘 반, 기대 반이었다. 충무로역에서 만난 조은산악회 동료들과 함께 버스에 몸을 싣고 소백으로 향하는 길. 예상치 못한 주차난으로 잠시 혼란도 있었지만, 이 또한 산행의 묘미라 여기며 너스레를 떨었다.
어의곡 탐방로 초입의 계곡물 소리는 지친 마음을 씻어내는 듯했고, 깔딱고개를 넘을 때 터져 나오던 거친 숨소리는 마치 삶의 고비를 넘는 우리네 모습 같았다. 정상으로 향하는 길목에서 마주한 드넓은 풍경은 잠시 고된 다리를 잊게 해주었고, 비로봉 정상에서는 늠름한 큰아들의 육군3사관학교 후배들의 안녕을 기원하는 엉뚱하지만, 진심 어린 마음도 보탰다.

    특히 이번 산행의 백미는 바로 '산죽꽃'과의 뜻밖의 만남이었다. 백 년에 한 번

피어난다는 그 귀한 꽃을 마주했을 때의 경이로움이란! 작은 꽃잎 하나하나에 담긴 생명의 신비는 벅찬 감동으로 다가왔고, "앞으로 많은 복과 행운이 함께할 것 같다"는 리더의 말씀은 빈말이 아닌 듯 느껴졌다. 이렇듯 소백은 단순한 산행을 넘어, 행운의 기운마저 품고 있는 듯했다.

비로봉에서 연화봉으로 이어지는 능선길, 드넓게 펼쳐진 주목 군락지와 철쭉 군락지는 그야말로 장관이었다. 자연이 빚어낸 거대한 예술 작품 앞에서 우리는 한없이 겸손해졌다. 가파른 내리막길의 돌계단을 조심스럽게 내려와 희방사에 다다랐을 때는 왠지 모를 뿌듯함이 밀려왔다. 가뭄으로 인해 웅장함을 잃은 희방폭포는 아쉬움을 남겼지만, 그 곁을 흐르는 계곡물은 여전히 맑고 청량했다.

희방 계곡 자연관찰로를 따라 걷는 마지막 길은 마치 소백산이 베푸는 마지막

선물 같았다. 졸졸 흐르는 계곡물 소리는 지친 몸과 마음에 평화를 가져다주었고, 푸른 숲 내음은 깊은 숨을 들이쉴 때마다 폐 속 가득 싱그러움을 채워주었다. 안전한 산행을 위해 앞장서 주신 세 분의 리더들께 진심으로 감사드린다.

또한, 함께 땀 흘리고 웃음 나눈 조은산악회 산우들 덕분에 이번 소백산 산행은 오랫동안 기억될 즐거운 추억으로 남을 것 같다. 바람 따라 걸으며 변화된 소백의 매력을 맘껏 만끽했던 하루, 다음 지리산 노고단에서 다시 만날 그날을 손꼽아 기다려 본다.

속리산, 27년 만의 재회: 추억을 걷고 희망을 빌다

충청북도 보은군/ 경상북도 상주시 소재
해발 1,058m
산행일 2021. 8. 15.

산행코스 : 법주사 탐방지원센터-세심정-문장대-신선대-비로봉-속리산(천왕봉) 정상-세심정-법주사 탐방지원센터

    2021년 8월 15일, 맑고 청량한 하늘 아래 속리산과의 특별한 재회가 이루어졌다. 중학교 2학년 수학여행 이후 27년 만에 다시 걷는 길. 그 시절 희미해진 기억들을 더듬으며 설렘 반, 기대 반으로 새벽 4시에 몸을 일으켰다. 동료랑 함께 차에 몸을 싣고 올림픽공원역을 출발한 시간은 새벽 5시 5분. 아직 어둠이 채 가시지 않은 길 위에서 우리는 오늘의 산행에 대한 이런저런 이야기를 나누며 속리산으로 향했다.

특히 기억에 남는 것은 정이품송이었다. 학창 시절의 기억 속에는 무성하고 웅장했던 모습이었는데, 세월의 흔적이 고스란히 느껴지는 앙상한 자태가 마음 한편을 아리게 했다. 잠시 아련한 감상에 젖었다가, 7시 20분 법주사 탐방지원센터에서 본격적인 산행을 시작했다.

세조길은 조선 세조가 걸었다는 전설을 담은 길답게 고즈넉하고 아름다웠다. 법주사 매표소를 지나 호서제일가람문을 거쳐 걷다 보니 넓은 호수가 눈앞에 펼쳐졌다. 이른 아침이라 동물들은 보이지 않았지만, 잔잔한 수면 위로 드리워진 풍경은 평화로웠다. 세심정을 지나 복천암에 도착했을 때는 잠시 길을 잘못 들어 뜻밖의 다리품을 팔았지만, 오히려 한 번 더 풍경을 눈에 담을 수 있었다.

복천암을 지나 용바위골 휴게소에서 아침 식사를 했다. 동료가 준비해 온 떡갈비와 삶은 계란은 그야말로 꿀맛이었다. 이곳이 마지막 휴게소라는 말에 의아

했지만, 옛 보현재와 냉천골 휴게소 터를 지나며 국립공원의 자연 복원 노력을 엿볼 수 있었다.

돌계단과 나무 계단을 오르고 또 오르자, 드디어 10시 35분 문장대 삼거리에 도착했다. 그리고 불과 4분 만에 첫 번째 목적지인 문장대에 올랐다. 중학교 시절의 기억과는 사뭇 다른 모습이었지만, 웅장한 기암괴석과 탁 트인 전망은 여전히 감탄을 자아내게 하였다.

문장대를 뒤로하고 문수봉, 신선대, 입석대, 비로봉을 차례로 지나 13시 5분, 두 번째 목적지인 천왕봉에 다다랐다. 법주사 일대의 최고봉임에도 문장대에 비해 소박한 모습이었지만, 이곳에서 바라보는 풍경은 일품이었다. 정상에서의 점심 식사는 잠시 뒤 그늘진 곳에서 하기로 하고 하산을 시작했다.

점심 식사 장소로 이동 중, 곳곳의 암벽에 붙어있는 석이버섯을 발견했다. 자연의 신비에 감탄하며, 긴 산행에 지친 발을 계곡물에 담그기로 했다. 시원한 물

에 발을 담그고 지나온 여정을 이야기 나누는 시간은 그 어떤 보상보다 값졌다.

다시 세심정을 거쳐 세조길을 따라 내려오니, 오후 햇살에 반짝이는 호수가 저를 반겼다. 아이들과 함께 호수의 동물을 관찰하는 가족들의 모습에서 따뜻한 활기가 느껴졌다. 16시 5분, 법주사에 들러 무사 산행에 대한 감사와 가족의 건강, 그리고 소중한 아들의 무운장구를 기원했다.

그리고 16시 40분, 법주사 탐방지원센터에 도착하며 총 19.3km, 9시간 20분의 대장정을 마무리했다. 27년 만에 다시 찾은 속리산은 단순한 산행이 아니었다. 어린 시절의 추억을 소환하고, 자연의 위대함을 느끼며, 소중한 사람들과 함께 땀 흘리고 웃을 수 있었던 의미 있는 시간이었다. 다음 산행은 어디로 떠나는 것이 좋을까?

추억을 더듬어 오른 월악산,
그 잊지 못할 겨울 풍경 속으로

충북 제천시 한수면, 덕산면 소재
해발 1,097m
산행일 2024. 2. 4.

산행코스 : 수산교-보덕암-중봉-월악산(영봉) 정상-헬기장-마애불-덕주사-덕주골 입구

　어떤 산은 그저 풍경으로 기억되지 않는다. 때로는 지난날의 추억과 겹쳐져 더욱 특별한 의미를 지닌다. 2024년 2월 4일, 월악산은 바로 그런 산이었다. 대학교 졸업 후 동기들과의 마지막 여행지였던 그곳. 잊고 지냈던 기억들을 다시금 더듬어보고자, 나는 기꺼이 월악산 산행을 신청하게 되었다. 아침 5시부터 산행 준비물을 꼼꼼히 챙기고, 6시 35분 사당역 1번 출구에 도착했을 때, 문득 코끝에 스치는 겨울바람이 과거의 한 장면처럼 느껴졌다.

추억 속으로, 그리고 영봉을 향한 여정

예상치 못하게 버스를 찾아 한참을 헤매는 해프닝도 있었지만, 7시에 출발한 버스는 양재역과 죽전에서 동료들을 태우고 경부고속도로를 따라 충주휴게소를 거쳐 오늘의 들머리인 수산교에 우리를 내려놓았다. 9시 20분, 드디어 월악산 산행의 첫걸음을 내디뎠다. 보덕암까지 이어지는 2.3km의 아스팔트길은 흙길보다 더 힘들게 느껴졌지만, 그 길의 끝에 펼쳐질 풍경을 기대하며 묵묵히 걸었다. 10시, 고즈넉한 보덕암에 도착하니 충주호가 시원하게 내려다보였다.

보덕암을 뒤로하고 하봉으로 향하는 길은 만만치 않았다. 빙판길에 급경사가 더해져 발걸음이 더욱 조심스러웠다. 하지만 힘든 만큼 풍경은 더 황홀했다. 하봉을 오르다 뒤돌아보니, 충주호의 푸른 물결이 겨울 산과 어우러져 한 폭의 그림 같았다. 이어진 중봉으로 가는 길 역시 만만치 않았지만, 11시 50분 중봉에 도착하자마자 눈에 들어온 무선 충전기의 존재는 뜻밖의 재미를 선사했다. '이런

곳에 웬 무선 충전기?' 피식 웃음이 터져 나왔다.

영봉의 위엄, 그리고 마애불의 고요함
중봉을 뒤로하고 드디어 영봉을 향해 나아갔다. 좁고 가파른 계단 길은 숨을 턱까지 차오르게 했지만, 12시 35분 마침내 월악산 영봉 정상에 섰을 때, 그 모든 힘듦은 눈 녹듯 사라졌다. 정상에서 바라본 풍경은 그야말로 절경이었다. 겹겹이 이어진 산봉우리와 드넓은 하늘이 어우러져 웅장한 자연의 위대함을 온몸으로 느끼는 순간이었다.

영봉의 위엄을 뒤로하고 덕주사 방향으로 하산을 시작했다. 하산길 역시 만만치 않은 계단과 영봉에서 떨어지는 낙석을 막기 위한 철망 구간이 이어졌다. 13시 25분 송계삼거리에 도착한 후에도 길은 계속되었다. 헬기장을 지나 도착한 마애

불 앞에서는 잠시 발걸음을 멈추고 고요히 명상에 잠겼다. 천년의 시간을 묵묵히 견뎌온 마애불의 모습에서 알 수 없는 위안을 얻었다.

덕주사의 평화로움, 그리고 완주의 기쁨
마애불을 뒤로하고 덕주사로 향했다. 덕주산성을 지나 14시 57분 덕주탐방지원센터에 도착했고, 덕주사 경내를 둘러보며 고즈넉한 사찰의 분위기를 만끽했다. 학소대의 신비로움과 수경대의 고요함을 지나 15시 20분, 드디어 덕주골 입구에 도착하며 오늘의 산행은 막을 내렸다.
총 6시간, 약 12.3km의 긴 여정이었지만, 옛 추억을 되새기며 마주한 월악산의 겨울 풍경은 그 어떤 피로도 잊게 할 만큼 아름답고 의미 있었다. 월악산은 단순한 산행을 넘어, 과거의 나와 현재의 나를 이어주는 다리이자, 새로운 활력을 불어넣어 준 특별한 경험이었다. 다음 산행에서는 또 어떤 추억을 만들게 될까?

로프 타고 오르니 선계가 펼쳐지네!
천태산, 그 아찔하고도
황홀했던 기록

충청북도 영동군/ 충청남도 금산군 소재
해발 714.7m
산행일 2023. 12. 10.

산행코스 : 천태산 주차장-삼단폭포-75m 암벽-천태산 정상-564봉-영국사-망탑-진주폭포-천태산 주차장

어딘가에 묶여 사는 삶이 지겨울 때, 우리는 기어이 산으로 향한다. 특히 '충북의 설악'이라는 별칭에 마음을 빼앗겨 선택한 천태산은 이름부터 예사롭지 않았다. 2023년 12월 10일, 이른 아침부터 43명의 대원들이 사당역 11번 출구에 모였다. 모두가 설렘과 약간의 긴장감이 뒤섞인 표정이었다.

버스는 경부고속도로를 시원하게 달리다 옥산휴게소에서 잠시 숨을 고른 후, 우리를 천태산 주차장에 내려놓았다. 오전 10시, 드디어 천태산 산행의 첫발을 내디뎠다. 시작부터 이정표는 친절하게 영국사, 삼단폭포, 망탑 등 앞으로 만나게 될 명소들을 줄줄이 읊어주었다. '삼신할멈바위'를 지나자 신비로운 기운이 감돌았고, 우렁찬 물소리에 이끌려 삼단폭포에 다다르니 그 웅장함에 감탄사가 절로 나왔다. 이어서 고즈넉한 영국사 일주문을 통과하며, 속세의 번잡함을 잠시 잊었다.

로프 구간의 아찔한 매력, 정상으로 가는 길
천태산의 진면목은 영국사를 지나며 드러났다. 곳곳에 자리한 로프 구간은 '충북의 설악'이라는 별칭이 괜히 붙은 게 아님을 여실히 보여주었다. 특히 75m 암벽을 오르는 제3로프 구간은 그야말로 아찔함의 연속이었다. 줄 하나에 의지해 한 발 한 발 오르다 보면, 온몸의 세포가 살아 움직이는 듯한 짜릿함이 전해졌다. 일부 대원들은 안전을 위해 우회로를 택했지만, 로프를 잡고 오르는 이들은

그 스릴을 온전히 즐겼다.

수 차례의 로프 구간을 지나 마침내 681봉에 도착했을 때, 시계는 11시 35분을 가리키고 있었다. 그리고 불과 9분 뒤, 드디어 천태산 정상에 발을 디뎠다. 정상은 예상대로 협소했지만, 그만큼 하늘과 더 가까이 맞닿은 느낌이었다. 눈앞에 펼쳐진 파노라마는 그간의 힘듦을 한순간에 잊게 할 만큼 황홀했다.

하산길의 또 다른 얼굴, 그리고 완주의 기쁨
정상에서 잠시 휴식을 취한 후, 681봉으로 되돌아와 점심 식사를 했다. 땀 흘린 뒤 맛보는 꿀맛 같은 식사와 함께, 대원들은 서로의 안전한 산행을 축하하며 유대감을 다졌다. 점심 후에는 단체 기념촬영을 위해 다시 정상으로 향하는 열정까지 불태웠다.
하산은 남고개 방향으로 시작하게 되었다. 오를 때와는 또 다른 풍경이 펼쳐졌다. 헬기장을 지나 C, D 코스 하산로를 거치며 전망석에 올라 마지막으로 천태산의 장엄한 자태를 눈에 담아 보았다. 영국사를 다시 한 번 거쳐 내려오는 길

에는 상어흔들바위의 기묘한 생김새에 웃음이 터져 나왔고, 망탑의 굳건함에 잠시 걸음을 멈추기도 했다. 진주폭포의 시원한 물줄기를 마지막으로, 우리는 오전에 지나왔던 계곡 표지석을 거쳐 오후 3시 20분, 무사히 천태산 주차장에 도착하게 되었다.

총 5시간 20분, 약 7.3km의 산행은 단순히 거친 산을 오르는 것을 넘어, 스스로의 한계를 시험하고, 자연의 위대함을 온몸으로 느끼는 시간이었다. 특히 세 분의 리더들의 빈틈없는 리더십 덕분에 43명 대원 모두가 안전하게 산행을 마칠 수 있었다. 다음 산행에서 또 다른 산의 매력을 만끽할 날을 기대하며, 오늘 천태산에서의 아찔하고도 황홀했던 경험을 마음속 깊이 되새겨 본다.

그 산에 얽힌 기나긴 사연,
겨울 칠보산, 드디어 발을 딛다!

충청북도 괴산군 소재
해발 778m
산행일 2023. 12. 17.

산행코스 : 떡 바위-청석재-칠보산 정상-활목재-쌍곡폭포-탐방지원센터-쌍곡휴게소

어떤 산행은 그저 오르고 내려오는 것으로 끝나지 않는다. 때론 기약 없는 기다림과 아쉬움으로 점철된 사연이 더해져, 마침내 그곳에 발을 딛는 순간의 감회는 더욱 깊어진다. 2023년 12월 17일, 괴산 칠보산은 또 그런 산 같았다. 원래는 조령산-주흘산을 가려 하였지만, 연이은 계획 변경과 장마로 인한 입산 통제, 그리고 오송 지하차도 사고라는 안타까운 소식까지 겹치며, 칠보산은 마치 약속이라도 한 듯 우리를 애태웠다. 그러나 결국, 좋은사람들 회원 25명과 함께 그 칠보산에 당도했으니, 이 어찌 감회가 새롭지 않으랴!

사당역 1번 출구에서 모인 우리는 경부, 영동, 중부내륙고속도로를 쉼 없이 달려 떡 바위 들머리에 도착하게 되었다. 영하 14도의 아침 공기가 폐부 깊숙이 스며들었지만, 곧 마주할 설경에 대한 기대감으로 오히려 상쾌했다. 떡 바위를 들머리 삼아 계곡을 따라 오르기 시작하였는데 눈 덮인 등산로는 마치 하얀 융단을 깔아놓은 듯했고, 군데군데 얼어붙은 폭포는 겨울산의 고요한 아름다움을 더했다. 청석재를 지나 칠보산 정상으로 향하는 비탈진 능선길은 제법 가팔랐지만, 새하얀 설경에 홀려 힘든 줄도 몰랐다. 11시, 드디어 칠보산 정상에 섰을 때, 눈 앞에 펼쳐진 풍경은 그간의 우여곡절을 모두 잊게 할 만큼 황홀했다.

설경 속 활목재와 쌍곡폭포, 그리고 산행의 마무리
정상에서 잠시 눈 호강을 한 뒤, 우리는 활목재를 거쳐 하산을 시작했다. 눈 덮

인 계단을 조심스럽게 내려오며 바라본 겨울 산의 풍경은 그 자체로 한 폭의 그림이었다. '활목재'를 지나 절말 방향으로 향하며 칠보산의 또 다른 얼굴을 만났다. 산행 중 만나는 이정표들은 우리가 얼마나 걸어왔고, 또 어디로 향해야 할지 친절하게 알려주는 나침반 같았다.

발걸음은 자연스레 쌍곡폭포로 이어졌다. 겨울이라 물줄기가 풍성하진 않았지만, 꽁꽁 얼어붙은 폭포의 모습은 또 다른 장관이었다. 탐방지원센터를 지나 임도를 따라 내려오니, 어느덧 산행의 끝을 알리는 이정표가 우리를 맞았다. 계곡을 건너 쌍곡휴게소에 도착하니, 늠름하게서 있는 노적봉이 마지막까지 겨울 산의 위엄을 뽐내고 있었다.

총 3시간 35분, 약 7.0km의 짧지 않은 여정이었지만, 겨울 설경 속에서 구슬땀

을 흘리며 얻은 성취감은 그 어떤 것과도 바꿀 수 없었다. 지난 여름부터 이어져 온 칠보산과의 인연은 이렇게 아름다운 겨울 풍경 속에서 완벽하게 마무리되었다. 안전한 산행을 이끌어주신 대장님과 함께 즐거운 시간을 보낸 좋은사람들 회원들께 다시 한 번 감사드린다. 다음 산행에서는 또 어떤 이야기가 우리를 기다리고 있을까? 겨울 산의 매력에 푹 빠진 우리는 벌써 다음 산을 꿈꾼다!

V. 대구·경북권

150　가야산, 그리고 남산제일봉: 가을날의 땀과 추억
152　금오산, 땀과 열정으로 빚어낸 여름날의 추억
154　경주 남산, 뜨거운 여름날의 인문학 산책
157　내연산, 빗속을 거닐며 만난 고향의 정취
160　여름날의 대야산: 땀과 추억이 버무려진 계곡의 유혹!
162　비슬산, 겨울 초입의 청량한 발걸음
165　영남알프스, 운문산-가지산 종주: 밤부터 낮까지 이어진 뜨거운 열정
168　응봉산, 20년 만의 재회: 땀과 추억이 빚어낸 덕풍계곡
171　조령산-주흘산 연계 산행: 좌절을 딛고 이룬 겨울 능선 종주
175　주왕산, 가족과의 행복, 그리고 나만의 여정
177　청량산, 가을빛 속에서 만난 69번째 명산의 감동
180　팔공산, 추억을 더듬어 오른 겨울 산행
182　황악산, 설원 속 추억을 걷다

가야산, 그리고 남산제일봉: 가을날의 땀과 추억

경상북도 성주군/경상남도 거창군, 합천군 소재
가야산 해발 1,430m
해발 남산제일봉 1,010m
산행일 2022. 10. 28.

산행코스 : 백운동 탐방지원센터-만물상 능선-상아덤-서성재-가야산(상왕봉) 정상-해인사-치인주차장-돼지골 탐방지원센터-남산제일봉 정상-돼지골 탐방지원센터

2022년 10월의 늦가을, 가야산과 남산제일봉은 저에게 단순한 산행 이상의 의미로 다가왔다. 16년 전, 차가운 바람과 사투를 벌이며 걸었던 경북 경계 종주의 기억을 더듬어보고, 한국 100대 명산 중 두 곳을 한 번에 품을 수 있는 기회를 놓칠 수 없었다. 조은산악회 41명의 동반자와 함께한 이번 여정은 그래서 더욱 특별했다.

산행의 시작은 녹록지 않았다. 사당역에서 버스에 몸을 싣고 밤새 달리는 동안, 지난 월출산 산행의 졸음운전 악몽이 되살아났다. 아니나 다를까, 오늘도 승무원의 고개가 꺾이는 아찔한 순간들. 앞 좌석 산우들의 쉴 틈 없는 대화 시도는 그야말로 '졸음 예방 사투'였다. 다행히 새벽 4시 30분, 백운동탐방지원센터에 무사히 도착하며 가슴을 쓸어내렸다.

여명 속 만물상 능선은 그 이름처럼 기이하고 아름다운 바위 봉우리들의 향연이었다. 붉게 물들어가는 하늘 아래 기암괴석들이 빚어내는 풍경은 감탄을 자아내기에 충분했다. 오르고 또 오르기를 반복하며 상아덤과 서성재를 거쳐 칠불봉에 이르렀을 때, 가야산의 정기(精氣)가 온몸으로 스며드는 듯했다. 마침내 상왕봉(가야산) 정상에 서서 드넓게 펼쳐진 산맥을 바라보니, 고단했던 여정의 피로가 눈 녹듯 사라지는 순간이었다.

가야산의 품을 벗어나 해인사로 하산하는 길, 천진난만한 표정의 석조여래입상은 잠시 걸음을 멈추게 했다. 고즈넉한 사찰 풍경과 함께 점심 식사를 마치고, 이제 남은 건 남산제일봉이었다. 하지만 시간은 이미 오후 1시를 넘기고 있었고, 당초 계획했던 하산 코스는 현실적으로 어려워졌다. "전투 산행!" 대장의 결단에 따라, 남산제일봉을 올랐다가 다시 돼지골탐방지원센터로 돌아오는 '회귀 산행'이 결정되었다.

모두의 동의 아래 시작된 전투 산행은 그야말로 숨 가쁘게 진행되었다. 쉼 없이 오르고 또 올라 마침내 남산제일봉 정상에 섰을 때, 해냈다는 성취감과 함께 뿌듯함이 밀려왔다. 짧은 정상에서의 시간을 뒤로하고 다시 내려오는 길, 다리는 천근만근이었지만 마음만은 가벼웠다.

총 15.7km, 10시간 35분. 결코 짧지 않은 시간이었지만, 41명의 조은산악회 회원들과 함께여서 더욱 값진 산행이었다. 서로를 격려하고 응원하며 함께 땀 흘린 시간들은 잊지 못할 추억으로 남을 것이다. 다음 산행에서 다시 만날 날을 기약하며, 이 가을날의 아름다운 기억을 되새겨본다.

금오산, 땀과 열정으로 빚어낸 여름날의 추억

경상북도 구미시, 김천시, 칠곡군 소재
해발 976m
산행일 2023. 6. 18

산행코스 : 금오산 공영주차장-해운사-도선굴-대혜 폭포-오형 돌탑-금오산(현월봉) 정상-대혜폭포-금오산 공영주차장

    2023년 6월 18일, 대지는 21도에서 34도로 숨 가쁘게 오르며 금오산을 품에 안았다. 바람 한점 없는 맹렬한 더위 속, 다음매일 산악회 22명의 열정은 뜨거운 공기를 갈랐다. 한국의 산하 100대 명산 중 47번째. 지난 사량도 지리산의 여운을 뒤로하고, 취소했던 금오산의 아쉬움을 달래기 위한 간절함이 마침내 현실이 되었다.

새벽 5시, 굼뜬 마을버스는 시간의 귀퉁이를 스치듯 지나쳐 버렸다. 사당역까지의 숨 막히는 질주는 마치 금오산 정상으로 향하는 길목의 예고편 같았다. 헐레벌떡 뛰어 6시 지하철에 몸을 싣고, 6시 45분 사당역 10번 출구에 도착했을 때 시계는 이미 탑승 시간을 재촉하고 있었다. 천만다행으로 6시 50분, '월드 여행사 9960호 달구지'에 간신히 올라탔다. 옥산휴게소에서 김밥으로 허기를 달래고 10시, 드디어 금오산 공영주차장에 발을 디뎠다.

산행은 대혜문에서 시작되어 해운사를 지나 신비로운 도선굴로 이어졌다. 가뭄에 메마른 대혜폭포는 아쉬움을 남겼지만, 곧이어 나타난 '할딱고개'는 그 이름값을 톡톡히 했다. 숨을 헐떡이며 오르는 가파른 계단은 온몸의 땀샘을 자극했고, 10시 59분, 마침내 능선에 도착했을 때의 쾌감이란! 12시 정각, 오형돌탑의 정교함에 감탄하며 잠시 더위를 잊었다.

오형돌탑을 뒤로하고 약사암을 향했다. 인적 드문 길에서 잠시 헤매기도 했지만, 12시 27분 약사암 입구에 도착했다. 그리고 마침내 12시 30분, 금오산 정상 현월봉에 섰다.

뜨거운 햇살과 후끈거리는 지열은 온몸을 감쌌지만, 발아래 펼쳐진 풍경은 그 모든 고통을 잊게 할 만큼 장엄했다. 잠시의 망설임 끝에 하산을 결정했다. 왔던 길을 되짚어 내려가는 동안, 할딱고개에서는 부상당한 등산객을 돕는 소방대원들의 모습이 눈에 띄었다. 다시 대혜폭포, 해운사, 대혜문을 거쳐 14시 30분, 공영주차장에 무사히 도착하며 4시간 30분의 뜨거운 여정을 마무리 하게 되었다.

이번 금오산 산행은 단순히 높이를 증정하는 것을 넘어, 땀과 열정이 빚어낸 값진 추억이었다. 무더위 속에서도 안전한 산행을 이끌어주신 대장께 깊이 감사드린다.

경주 남산,
뜨거운 여름날의 인문학 산책

경상북도 경주시 소재
해발 468m
산행일 2023. 8. 6

산행코스 : 삼릉 주차장-상선암-경주 남산(금오산) 정상-상사 바위-금오정-포석정 주차장

    2023년 8월 6일, 최고 기온 37도의 경주 남산은 끓어오르는 대지 위에서도 시원한 바람을 허락했다. 오랫동안 홀로 오르기를 꿈꿨던 그 길을, 마침내 여름 휴가를 맞아 부모님 뵙는 길에 '겸사겸사' 실천에 옮겼다.
새벽 6시, 배낭을 메고 집을 나서는 순간부터 이미 경주 남산은 시작되었다. 마을버스와 지하철을 거쳐 서울고속터미널(경부)에서 8시 10분 우등버스에 몸을 실었다. 낙동강의성휴게소에서 잠시 숨을 고른 뒤, 경주고속버스터미널에 도착하니 11시 55분. 뜨거운 날씨 탓에 주저 없이 택시에 몸을 싣고 삼릉 주차장으로 향했다. 12시 24분, 드디어 금오산 산행의 첫발을 내디뎠다.

삼릉 주차장을 뒤로하고, 삼릉의 고즈넉한 아름다움을 감상했다. 이어지는 삼릉계곡 마애관음보살상의 인자한 미소는 뜨거운 햇살 아래에서도 평온함을 선사했다. 12시 45분, 천 년의 세월을 품은 마애관음보살상 앞에서 잠시 숨을 골랐다. 이정표를 따라 45분을 더 걸어 도착한 상선암은 고요함 속에 깊은 역사를 품고 있었다.
상선암을 지나 경주 남산 삼릉계 제9사지 마애여래상을 만났는데 자연 암벽에 새겨진 불상의 위엄은 보는 이에게 깊은 감동을 주었다. 수많은 문화유적을 품고 있는 남산은 그야말로 거대한 야외 박물관이었다. 14시 20분, 마침내 경주 남산(금오산) 정상에 올랐다. 땀은 비 오듯 쏟아졌지만, 눈 앞에 펼쳐진 풍경은 그 모든 수고를 잊게 할 만큼 값진 보상이었다.

정상에서 잠시 휴식을 취한 뒤, 포석정 주차장 방향으로 하산을 시작했다. 임도를 따라 걷다 만난 헬기장과 팔각정터는 잠시 쉬어갈 수 있는 작은 오아시스 같았다. 특히 '남산1주도로 기념완공기념비'는 이곳의 역사를 되새기게 했다. 15시 3분, 우뚝 솟은 상사바위 앞에서 자연의 위대함에 다시 한번 경외감을 느꼈다.

하산 중 경주에 계신 손위 동서에게 전화를 걸었다. 포석정 주차장으로 하산한다는 말에 마중나와 주시겠다는 따뜻한 답을 들으니 발걸음이 한결 가벼워졌다. 15시 15분, 금오정의 시원한 그늘 아래 잠시 쉬어가며 여정을 되돌아보았다. 등산로를 따라 포석 제7사지 주변 석조유물과 오층석탑을 지났다. 천년 신라의 숨결이 살아 숨 쉬는 유물들을 눈으로 직접 확인하는 것은 단순한 산행을 넘어선 인문학 산책이었다. 16시 10분, 포석정 주차장에 도착하며 3시간 45분의 산행을 마무리해 본다.

주차장에는 경주 손위 동서가 기다리고 계셨다. 함께 밀면 맛집에서 시원한 밀면 한 그릇을 비우고, 포항시외버스터미널까지 배웅해주신 덕분에 무사히 고향집에 도착할 수 있었다. 이번 경주 남산 산행은 무더위 속에서도 유구한 역사와 문화를 직접 느끼고 체험할 수 있었던 소중한 시간이었다. 다음은 주왕산 산행으로 또 다른 추억을 만들어 볼까 한다.

내연산,
빗속을 거닐며 만난 고향의 정취

경상북도 포항시 북구, 영덕군 소재
해발 710m
산행일 2022. 6. 5.

산행코스 : 보경사 입구-보경사-문수암-문수봉-내연산 정상-거무나리 코스-은폭포-소금강 전망대-보현폭포-보경사 입구

    2022년 6월 5일, 흐리고 비 내리는 날씨(18℃ ~ 21℃)에도 불구하고 포항 내연산은 나를 반겼다. 고향에 계신 아버지의 49재 막재를 치르고, 어머니의 일손을 돕는 틈을 타 오랫동안 마음속에 품었던 산행을 실천에 옮겼다. 포항에 살 적에도 자주 오르던 곳이라 더욱 뜻깊은 발걸음이었다.

새벽 6시, 시골집에서 배낭을 꾸려 6시 25분 집을 나섰다. 26분을 기다려 5,000번 시내버스에 오르자, 창밖으로 '갯마을 차차차' 촬영지로 유명해진 읍내 5일장이 분주하게 움직이는 모습이 보였다. 버스는 30여 분 만에 보경사 주차장에 저를 내려주었다.
산행 준비를 마치자 빗방울은 점점 굵어졌다. 평소 북적거리던 보경사 가는 길은 한산했고, 우산을 든 몇몇 연인들의 모습만 보였다. 7시 45분, 보경사 입구 매표소에 도착해 입장료 3,500원을 지불하고 산행을 시작했다.

보경사를 지나 극락교, 서운암, 문수암, 보현암 갈림길에 도착하니 7시 53분이 되었다. 문수봉으로 향하는 길은 빗속에서도 고요했고, 8시 5분 문수봉과 선일대 갈림길을 지났다. 험난한 오르막길을 따라 8시 35분, 문수암 입구에 도착했고, 다시 능선을 타고 8시 59분 문수봉과 문수암 갈림길에 닿게 되었다. 10여 분 더 올라 9시 17분, 마침내 문수봉 정상에 섰다.

문수봉을 뒤로하고 9시 37분, 삼지봉과 문수봉 갈림길을 지났다. 이곳은 삼지봉과 내연산을 찍고 다시 돌아와 거무나리 코스로 하산해야 하는 중요한 기점이었다. 10시 5분, 오늘의 목표인 삼지봉, 내연산 정상에 도착했다. 이곳에서 육군3사관학교 56기, 57기, 58기, 59기 후배들의 무운장구를 기원하는 것을 잊지 않았다.

내연산을 뒤로하고 10시 25분 다시 갈림길로 돌아와 거무나리 코스로 하산을 시작했다. 40여분 후 11시 8분, 삼지봉과 은폭포, 소금강 전망대 갈림길에 도착했고, 11시 18분 신비로운 은폭포를 만났다. 비가 내려 미끄러운 바위들을 조심하며 걷다 보니, 11시 42분 소금강 전망대에 닿았다. 연산폭포의 웅장한 물줄기는 빗속에서도 더욱 생생하게 다가왔다.

소금강 전망대를 떠나 11시 57분 갓부처에 들러 또다시 큰아들의 육군3사관학교 후배들의 안녕을 빌었다. 보현암에 들러 기도를 올린 후, 부지런히 발걸음을 옮겨 12시 3분 삼보폭포에 도착했다. 이어서 보현폭포의 시원한 물줄기를 감상하고, 아침에 올랐던 문수봉, 선일대, 소금강 전망대 이정표를 지나게 되었다. 상생폭포를 지나 12시 35분, 아침에 지나쳤던 극락교, 서운암, 문수암, 보현암 갈림길에 다시 도착했다. 이대로 하산하기 아쉬워 극락교와 서운암을 둘러보고 보경사 경내에 들렀다. 보경사 해탈문을 지나 본당에 들러 큰아들의 육군3사관학교 후배들과 우리 가족의 건강을 기원했다. 그리고 12시 57분, 빗속 산행의 종착점인 보경사 입구에 다다르며 5시간 12분간의 여정을 마무리했다.

빗소리를 벗 삼아 안전하게 산행을 마친 나 자신에게 고마움을 표현해 본다. 다음 지리산 산행을 위해 더욱 철저히 체력 관리를 하여, 함께하는 이들에게 부담이 되지 않도록 최선을 다해 볼까 한다.

여름날의 대야산:
땀과 추억이 버무려진 계곡의 유혹!

충청북도 괴산군/ 경상북도 문경시 소재
해발 930.7m
산행일 2023. 8. 26.

산행코스 : 대야산 주차장-월영대-밀재-대문 바위-대야산 정상-피아골-월영대-대야산 주차장

    2023년 8월 26일, 늦여름의 뜨거운 열기 속에서 저는 대야산을 만났다. 그토록 기다렸던 산행. 새벽 5시, 배낭을 꾸리며 이미 산 정상에 선 듯한 기분이었다. 사당역에서 버스에 오르자마자 산우들의 활기찬 에너지에 잠이 확 달아났다. 꿀맛 같은 휴게소에서의 짧은 휴식 후, 드디어 대야산 주차장. 10시 5분, 산행의 막이 올랐다.

초입부터 펼쳐진 용추계곡의 풍경은 그야말로 장관이었다. 맑은 물줄기가 바위를 타고 흘러내리고, 푸른 숲은 눈을 시원하게 해줬다. 월영대를 지날 땐 잠시 멈춰 서서 자연이 빚어낸 예술 작품을 감상했다. 그리고 백두대간의 밀재에선 각자 싸온 도시락을 풀며 허기를 채웠다. 산에서 먹는 밥은 그 어떤 진수성찬보다 달콤했다.

든든히 배를 채우고 다시 능선 길을 올랐다. 기묘한 형상의 코끼리바위를 지나 대문 바위를 통과하니, 드디어 13시 15분, 대야산 정상이 모습을 드러냈다. 땀으로 얼룩진 얼굴로 바라본 정상의 풍경은 그야말로 그림 같았다. 겹겹이 이어진 푸른 산줄기는 제 마음속까지 시원하게 뻥 뚫어주는 듯했다.

정상에서의 짜릿한 순간을 뒤로하고 하산을 시작했다. 피아골 방향으로 내려가는 길은 가파른 경사에 바위투성이였지만, 정상에서 얻은 에너지 덕분인지 발걸

음은 가벼웠다. 다시 월영대에 도착하니 오후 2시 45분. 늦더위와 싸우며 오른 산행의 보상이라도 하듯, 몇몇 산우들은 망설임 없이 계곡물에 뛰어들어 여름의 마지막을 만끽했다. 그 모습을 보니 저까지 시원해지는 기분이었다.

오후 3시 55분, 대야산 주차장에 도착하며 길었던 산행을 마무리했다. 약 9.8km, 5시간 50분 동안 땀 흘리며 걸었지만, 그만큼 값진 추억을 얻었다. 안전하게 산행을 이끌어주신 리더님과 함께 웃고 걸었던 '조은산악회' 회원님들께 다시 한 번 감사드린다. 대야산은 제게 늦여름의 아름다움과 함께, 땀방울이 주는 진정한 행복을 알려주었다. 다음 산행에서 또 어떤 멋진 풍경이 우릴 기다릴지 벌써 기대된다!

비슬산,
겨울 초입의 청량한 발걸음

대구시 달성군/ 경상북도 청도군 소재
해발 1,084m
산행일 2023. 12. 3.

산행코스 : 유가사 대형주차장-유가사-도통바위-비슬선(천왕봉) 정상-마령재-대견봉-소재사-비슬산자연휴양림 공영주차장

 2023년 12월 3일, 영하 2도의 차가운 아침 공기와 맑고 포근한 낮 햇살(8℃)이 어우러진 날, 대구 비슬산을 찾았다. 어디로 갈까 고민하던 중 다음 카페 '좋은사람들'에 신청한 비슬산 산행에 참여하게 된 것이다. 23명의 '좋은사람들' 회원들과 함께하는 여정은 새벽부터 시작되었다.

아침 5시 40분, 집을 나서 마을버스와 지하철 4호선을 거쳐 6시 40분 사당역 1번 출구에 도착했다. 800m를 걸어가니 오늘 산행을 위해 준비된 버스가 나를 기다리고 있었다. 6시 55분, 사당역을 출발한 버스는 양재역, 죽전 간이버스정류장에서 산우들을 태우고 경부고속도로를 달렸다. 금강휴게소에서 잠시 숨을 고른 뒤 중부내륙고속도로를 거쳐 현풍TG를 빠져나와 10시 42분, 드디어 유가사 대형주차장에 도착하게 되었다.

 산행 준비를 마치고 10시 45분, 비슬산의 품으로 들어섰다. 유가사 일주문을 지나 굿밭골 쉼터 갈림길, 그리고 비슬산 정상과 대견사 이정표를 거쳐 10시 58분 유가사에 도착했다. 유가사를 뒤로하고 참꽃군락지, 비슬산 정상 이정표를 따라 계곡을 올랐다. 이곳부터는 경사가 심하고 낙엽이 많아 미끄럼에 특히 주의해야 하는 구간이었다. 그렇게 오르다 도통바위의 웅장함에 잠시 넋을 잃기도 했다. 이정표마다 거리 표기가 들쭉날쭉했지만, 12시 30분 마침내 비슬산 정상(천왕봉)에 섰다.

천왕봉을 뒤로하고 하산을 시작했다. 200m마다 촘촘히 박힌 이정표 덕분에 길을 잃을 염려 없이 순조롭게 내려왔다. 12시 59분, 천왕봉, 대견사, 휴양림 등 다양한 갈림길이 있는 지점에 도착했다. 월광봉을 거쳐 참꽃군락지를 지나는 길은 겨울이라 꽃은 없었지만, 너른 평지가 비슬산의 봄을 상상하게 했다. 13시 25분, 천왕봉, 조화봉, 전망대 갈림길에 도착했다.
이어서 대견사 삼거리를 지나 기바위의 신비로운 형상을 마주했다. 대견사에 들러 잠시 주변을 둘러본 뒤, 다시 갈림길로 돌아와 형제바위, 상감모자 바위, 뽀뽀 바위 등 기암괴석들의 향연에 감탄했다. 그리고 14시, 마침내 대견봉 정상에 섰다.

대견봉을 뒤로하고 비슬산자연휴양림 방향으로 내려갔다. 촘촘한 이정표를 따라 연못삼거리를 지나 14시 30분, 용리사지2에 도착했다. 경사진 등산로와 너덜지

대를 조심스럽게 지나 청소년 수련장과 연못 갈림길을 거쳤다. 숲속의 집 콘도와 세미나실, 그리고 보각국사 일연 기념비를 지나 소재사 일주문에 다다랐다. 소재사 경내를 둘러보고, 15시 15분 비슬산자연휴양림 공영주차장에 도착하며 오늘의 산행을 마무리해 본다.

겨울 초입의 맑은 날씨 속에서 비슬산의 절경과 기암괴석들을 만끽할 수 있었던 뜻깊은 산행이었다.

영남알프스, 운문산-가지산 종주: 밤부터 낮까지 이어진 뜨거운 열정

울산시 울주군/ 경상북도 청도군/ 경상남도 밀양시 소재
운문산 해발 1,188m
가지산 해발 1,241m
산행일 2023. 10. 6.

산행코스 : 석골교-석골사-상운암-운문산 정상-아랫재-가지산 정상-중봉-석남터널

2023년 10월 6일 밤부터 10월 7일 낮까지, 구름 많고 흐린 날씨(14℃ ~ 22℃) 속에서 한국의 산하 100대 명산 64, 65번째인 운문산과 가지산 종주를 감행했다. 다음매일 산악회에 몇 번이고 참여하려다 번번이 무산되었던 터라, 이번 산행에 대한 갈증은 더욱 컸다. 힘들다는 소문에 긴장감마저 감돌았지만, 그만큼 기대감도 컸던 여정이었다.

연말을 앞두고 바쁜 회사 업무 탓에 유연근무는 꿈도 못 꾸고 정시 퇴근으로 강행했다. 산행준비를 마치고 잠시 휴식을 취한 뒤, 21시 55분 집을 나섰다. 마을버스와 지하철 4호선을 타고 22시 58분, 사당역 10번 출구에 도착했다. 23시 42분, 사당역을 출발한 버스는 양재역, 신갈 간이버스정류장에서 산우들을 태우고 경부, 영동, 중부내륙, 중앙고속도로를 쉼 없이 달려 새벽 3시 5분, 청도 새마을휴게소에 도착했다.

새벽 3시 15분, 청도휴게소를 출발한 버스는 중앙고속도로와 밀양TG를 거쳐 운문산 산행 들머리인 석골교에 3시 42분 도착했다. 어둠이 채 가시지 않은 새벽 3시 45분, 4명의 산우들과 함께 운문산을 향한 첫발을 내디뎠다. 20여 분 후 석골사에 도착했고, 운문산 이정표를 따라 계곡과 너덜지대를 지났다. 새벽을 깨우는 계곡 물소리를 벗 삼아 걷다 보니, 4시 45분 떡밭재 갈림길에 닿았다. 이어서 상운암으로 향하는 길목에서 바스락거리는 낙엽 소리가 발아래서 간지럽게 속삭

이고 있었다. 6시 2분, 마침내 상운암에 도착하여 샘물로 목을 축이며 잠시 휴식을 취했다.

상운암을 뒤로하고 낙엽 밟는 소리를 들으며 억산, 떡밭재 갈림길을 지나 6시 30분, 운문산 정상에 올랐다. 이곳에서 영남알프스 태극종주를 하는 산우를 만나 함께 아랫재로 향했다. 경사가 심하고 긴 하산길이었지만, 함께 걷는 즐거움이 피로를 잊게 했다. 7시 15분, 환경 감시초소와 여러 이정표가 있는 아랫재에 도착했다.

아랫재에서 만난 또 한 분의 영남알프스 태극 종주 산우와 함께 아침 식사를 마치고 7시 35분, 가지산을 향해 출발했다. 두 산우의 놀라운 오르막 실력에 감탄하며 홀로 남은 나는 주변 풍경을 즐겼다. 백운산 갈림길에서 2003년 포항등산학교 시절 백운산 슬랩에서의 암벽 실기 추억이 새록새록 떠올랐다. 9시 37분, 마침내 가지산 정상에 섰다. 운문산과 마찬가지로 정상 주변에는 가지산장과 여러 이정표가 있었다.

가지산을 뒤로하고 하산을 시작했다. 10시 10분, 중봉을 지나 석남사 주차장 방면 갈림길과 석남터널 이정표를 따라 계단을 내려갔다. 10시 35분, 석남터널 1.8km 이정표가 있는 산장에 도착했다. 능동산, 석남사 주차장 방향 등 복잡한 갈림길에서 잠시 헤맸지만, 대장의 조언에 따라 울산 방향 석남터널로 하산하게 되었다. 11시 25분, 마침내 석남터널에 도착하며 7시간 40분간의 밤샘 산행을 무사히 마쳤다.

예상했던 대로 쉽지 않은 산행이었지만, 100대 명산 두 곳을 한 번에 등정했다는 뿌듯함은 그 어떤 피로도 잊게 했다. 안전하게 산행을 이끌어주신 대장님과 함께 땀 흘린 다음매일 산악회 회원들께 깊이 감사드린다. 다음 산행에서 다시 뵙기를 고대해 본다!

응봉산, 20년 만의 재회:
땀과 추억이 빚어낸 덕풍계곡

강원도 삼척시/ 경상북도 울진
군 소재
해발 998.5m
산행일 2022. 8. 13.

산행코스 : 덕구온천-모랫재-응봉산 정상-제3 용소-제2 용소-제1 용소-덕풍계곡 안내소

    2022년 8월 13일 밤부터 14일 밤까지, 흐리고 간혹 비가 내리던 날(24℃ ~ 27℃), 20년 전 포항 등산학교 졸업 후 경상북도 경계 종주 개척 산행으로 처음 인연을 맺었던 응봉산을 다시 찾았다. 그동안 어떻게 변했을까 하는 궁금증과 다시 밟아보고 싶은 마음에 '조은산악회'를 통해 산행을 신청했다. 45명의 산 우님들과 함께하는 이번 여정은 무려 10시간 38분, 약 17.1km에 달하는 대장정의 시작이었다.

    미리 준비해 둔 배낭을 메고 21시 15분 집을 나섰다. 마을버스와 지하철 4호선을 거쳐 22시 15분 사당역에 도착했다. 23시 5분, 사당을 출발한 버스는 군자역에서 일행을 태우고 울진 덕구온천으로 향해 달렸다. 서울을 떠난 지 1시간 만에 평창휴게소에서 잠시 휴식을 취한 뒤, 2시간 10분을 더 달려 3시 25분, 마침내 덕구온천 옛 능선길 입구에 도착했다. 헤드랜턴 불빛에 의지해 어둠 속을 걷는 특별한 경험이었다. 3시 55분, 모랫재에 도착해 잠시 숨을 골랐다.

    모랫재를 지나 40여 분을 더 걸어 4시 35분, 응봉산 주등산로 제6지점에 도착했다. 그런데 이곳에서 충격적인 광경이 펼쳐졌다. 올해 발생했던 산불로 인해 수십 년간 가꿔온 숲이 한순간에 잿더미로 변해버린 모습은 제 마음을 아프게 했다. 5시 5분, 제9지점을 지나 10여 분 후 헬기장에 도착했다. 정상이 협소하다는 판단에 이곳에서 각자 준비해 온 아침 식사를 나누어 먹었다.

6시 5분, 아침 식사를 마친 우리는 다시 헬기장을 출발했다. 30여 분 후 6시 35분, 응봉산 주등산로 제14지점에 도착했고, 10여 분을 더 걸어 6시 45분 마침내 응봉산 정상에 섰다.

응봉산을 뒤로하고 덕풍계곡으로 하산을 시작하였는데, 하산로는 '산행에 어려움이 있다'는 경고 문구처럼 제대로 정비되지 않은 험난한 길의 연속이었다. 7시 7분, 응봉산 주등산로 제17 지점을 지났고, 7시 35분 응봉산과 제3용소 갈림길에 닿았다. 7시 50분, 드디어 제3용소에 도착하며 본격적인 덕풍계곡 트레킹이 시작되었다.

제3 용소부터는 희미한 등산로 대신 계곡물을 따라 이동해야 하는 구간이 많았다. 어렵게 1시간 10여 분을 걸어 9시 8분 응봉산과 제2용소 갈림길에 도착했고, 9시 35분 다시 제2용소 3.9km 이정표를 지났다. 바위를 징검다리 삼아 계곡을 건너기를 1시간 10여 분, 10시 45분 응봉산과 제2용소 1.9km 갈림길에 닿았다. 11시 7분, 제2용소 1.4km 갈림길을 지나 제2용소로 향했다.

제2용소로 가는 길은 특히 험난했다. 유일하게 하천을 건너야 하는 구간에서는 허리까지 차오르는 수심과 미끄러운 바닥 때문에 애를 먹었다. 신발을 벗어 들고 조심스럽게 건넜지만, 로프 하나에 의지해 바위를 오르는 아찔한 순간도 있었다. 12시 30분, 마침내 제2용소에 도착했지만, 하산길은 보이지 않았다. 당황하여 헤매던 중, 다행히 후발대 회원과 일행을 만나 함께 길을 찾았다. 하산길은 좌측 직벽 바위 하단에 숨어 있었고, 우리는 시그널을 달아 후발대의 안전한 이동을 도왔다. 처음 도착했을 때는 아무도 없던 용소에 여름 피서객들이 북적이는 것을 보니, 비로소 계곡의 활기를 느낄 수 있었다. 험난한 계곡길을 내려오면서 자꾸만 설악산 천불동계곡이 떠올랐다.
제2 용소를 지나 10여 분을 더 걸어 냇가 바위에 앉아 간식을 나누어 먹으며 허기진 배를 채웠다. 13시 40분, 용봉산과 덕풍마을 갈림길 이정표를 지났고, 20여 분을 더 걸어 14시 3분, 마침내 하산 지점인 덕풍계곡 안내소에 도착하며 길고 길었던 산행을 마무리 하게 되었다.

예상했던 대로 응봉산은 만만치 않은 산이었다. 20년 전의 기억을 되새기며 마주한 변화와 험난한 계곡 길은 내게 다시 한번 자연의 위대함과 겸손함을 일깨워 주었다. 밤새 걷고, 계곡을 건너고, 길을 찾으며 지칠 법도 했지만, 무사히 산행을 마칠 수 있어 더할 나위 없이 좋았던 산행인 듯하다.

조령산-주흘산 연계 산행:
좌절을 딛고 이룬 겨울 능선 종주

충청북도 괴산군/ 경상북도 문경시 소재
조령산 해발 1,017m
주흘산 해발 1,076m
산행일 2024. 3. 2.

산행코스 : 이화령-조령산 정상-이화령/ 조곡 주차장-여궁폭포-주흘산 정상-혜국사-조곡 주차장

  2024년 3월 2일 토요일, 아침 기온 영하 7도, 낮 기온 영상 3도의 맑은 날씨 속에서 조령산과 주흘산 연계 산행에 나섰다. 작년 여름, 비 때문에 문경새재 트레킹이 통제되어 허무하게 발길을 돌려야 했던 아쉬움을 씻어내기 위한 간절한 산행이었다. 다음매일 산악회 16명의 회원들과 함께한 6시간 15분, 약 16.76km의 여정은 새벽부터 시작되었다.

새벽 5시에 기상하여 산행 준비를 마치고 5시 15분 집을 나서 마을버스와 지하철 4호선으로 환승, 길음역에서 잠시 정차 후 6시 40분, 사당역 10번 출구에 도착했다. 6시 50분, 버스는 사당역을 출발하여 양재역, 죽전 간이버스정류장에서 산우들을 태우고 경부, 영동, 중부내륙고속도로를 달렸다. 8시 15분, 충주휴게소에 도착해 놀라운 광경을 마주했다. 속리산 산행을 가던 다른 버스도 입산 통제로 인해 조령—주흘산 연계 산행으로 목적지를 변경했다는 소식이었다. 조령—주흘산 연계 산행팀은 박선비 대장의 인솔 아래 속리산행 버스에 탑승하여 이화령으로 향했고, 주흘산 단독 산행팀은 우서 대장과 함께 문경새재 조곡 주차장으로 이동했다.

중부내륙고속도로와 연풍TG를 거쳐 9시 8분, 드디어 이화령에 도착했다. 산행 준비를 마치고 9시 10분, 조령산을 향한 발걸음을 내디뎠다. 돌탑과 넘어진 그루터기를 지나 조령산, 이화령, 요광원 갈림길 이정표를 거쳤다. 폐타이어로 옹

벽을 만든 구간과 능선 길을 따라 이동하며 이화령과 조령산 이정표를 계속해서 확인했다. 옹달샘을 지나 계단을 오르고 헬기장을 거쳐 10시 25분, 마침내 조령산 정상에 섰다.

조령산에서 거문골로 하산할 예정이었으나 입산 통제로 인해 다시 올라왔던 길을 되돌아가야 했다. 헬기장, 절골, 이화령, 조령산 갈림길 이정표와 옹달샘을 지나 다시 이화령으로 향했다. 돌탑 지역과 넘어진 그루터기를 넘어 11시 20분, 다시 이화령에 도착하며 조령산 산행을 마무리했다.

이화령에서 11시 30분에 조곡 주차장으로 이동하려 했으나, 몇몇 산우들이 늦어져 11시 48분에서야 출발할 수 있었다. 버스는 12시 5분 문경새재 조곡주차장에 도착했고, 곧바로 주흘산 산행을 시작했다. 조곡주차장을 출발하여 옛길

박물관을 지나 문경새재 제1관문(주흘관)을 거쳤다. 여궁폭포, 혜국사, 대궐터, 주흘산 이정표를 따라 임도를 걸었고, 주흘산과 혜국사, 제1관문, 여궁폭포 갈림길 이정표를 지났다. 여궁폭포의 웅장함에 잠시 걸음을 멈췄다가 다시 이정표를 따라 13시 4분, 혜국사에 도착했다.

혜국사를 뒤로하고 다시 오르막길이 시작되었다. 넘어진 그루터기와 산악위치표지판 주흘산 제1지점을 지나자, 마치 해탈의 경지에 다다를 수 있을 것만 같은 끝없는 계단이 이어졌다.
산악위치표지판 주흘산 제2지점이 계단의 시작을 알렸고, 힘겹게 계단을 올라 주흘산(주봉), 제2 관문, 제1 관문 갈림길 이정표를 지났다. 정상 인근의 산악위치표지판 주흘산 제3지점과 주흘산(영봉), 제1 관문, 주흘산 주봉 갈림길 이정표를 거쳐 14시 15분, 마침내 주흘산(주봉) 정상에 올랐다. 정상에서 바라본 주변 풍경은 그야말로 장관이었다.

주흘산 정상을 뒤로하고 올랐던 길을 되돌아 하산을 시작했다. 주흘산(영봉), 제1문, 주흘산 주봉 갈림길과 주흘산(주봉), 제2관문, 제1관문 갈림길 이정표를 지났다. 산악위치표지판 주흘산 제2지점을 지나면서는 올라올 때 보지 못했던 옹달샘을 발견했다. 옹달샘을 지나 산악위치표지판 주흘산 제1지점을 거쳐 15시 18분, 다시 혜국사에 도착했다.

혜국사를 뒤로하고 계곡 길을 따라 하산을 이어갔다. 제1관문, 여궁폭포, 주흘산, 혜국사 갈림길 이정표를 지났고, 여궁폭포를 다시 한 번 감상했다. 주흘산, 혜국사, 제1관문, 여궁폭포 갈림길 이정표에서 시멘트 포장도로를 따라 이동하여 주흘산 등산 안내판과 여궁폭포, 혜국사, 대궐터, 주흘산 이정표를 지나 문경새재 제1 관문(주흘관)을 거쳐 16시 15분, 조곡 주차장에 도착하며 오늘의 모든 산행을 마무리하게 되었다.

작년의 아쉬움을 씻어내고 조령산과 주흘산을 성공적으로 연계 산행할 수 있어 기쁘게 생각한다. 그리고 쌀쌀한 날씨에도 불구하고 모두가 안전하게 산행을 마칠 수 있도록 이끌어주신 대장님께 감사드린다.

주왕산, 가족과의 행복, 그리고 나만의 여정

경상북도 청송군 소재
해발 720m
산행일 2023. 8. 8.

산행코스 : 상의주차장-대전사-주왕산(주봉) 정상-용연폭포-아들바위-대전사-상의주차장

    2023년 8월 8일, 30도를 훌쩍 넘는 더위에도 주왕산은 시원한 바람을 선물했다. 이번 산행은 단순한 등반이 아니었다. 여름휴가를 맞아 고향에 계신 어머님, 고모님, 누님과 함께 대전사 여행을 하고, 신촌에서 닭백숙과 닭갈비로 마무리하는 완벽한 계획의 일부였다.

새벽 8시 2분, 설레는 마음으로 시골집을 나섰다. 7번 국도를 거쳐 주왕산 톨게이트를 지나니 10시 10분, 드디어 상의주차장에 도착했다. 가족들은 먼저 대전사에 가 계시겠다며 나에게 산행을 권하셨다. 감사한 마음으로 10시 13분, 주왕산의 품으로 향했다.
대전사를 뒤로하고 주봉으로 향하는 길은 한적했다. 등산객 없는 호젓한 능선 길을 걷다 보니, 시원한 바람이 귓가를 스쳐 "안전하고 즐거운 산행 되세요!"라고 속삭이는 듯했다. 11시 35분, 마침내 주왕산 주봉 정상에 섰다. 땀은 비 오듯 쏟아졌지만, 눈 앞에 펼쳐진 풍경은 그 모든 수고를 잊게 할 만큼 장엄했다.

하산은 후리메기 삼거리를 거쳐 용연폭포로 이어졌다. 12시 45분 용연폭포에 도착했을 때는 데크 공사 중이라 가까이 갈 수 없었지만, 시원한 물줄기만으로도 가슴이 뻥 뚫리는 기분이었다. 절구폭포를 감상하고, 13시 15분, 웅장한 용추협곡에 다다랐다.

용추협곡을 뒤로하고 시루봉과 주왕산 숲속도서관을 지났다. 13시 25분, 신비로운 급수대 주상절리를 만났고, 아들바위를 지나 아침에 올랐던 주봉 갈림길로 돌아왔다. 13시 40분, 다시 대전사에 도착하자 어머님, 고모님, 누님이 나를 반갑게 맞아 주셨다. 짧은 휴식 후, 우리는 함께 상의주차장으로 내려왔다. 14시 7분, 산행을 마친 후 신촌 식당에서 맛있는 닭백숙과 닭갈비를 먹으며 가족과의 행복한 시간을 만끽했다.

이번 주왕산 산행은 아름다운 자연 속에서 가족과의 소중한 추억을 만들 수 있었던 뜻깊은 여정이었다. 다음은 함백산과 태백산의 설경을 보러 갈 계획이다. 그때까지, 이 산행의 여운을 간직하며 다음 모험을 준비해야겠다!

청량산, 가을빛 속에서 만난
69번째 명산의 감동

경상북도 봉화군 소재
해발 870m
산행일 2023. 10. 28.

산행코스 : 청량지문-축융봉-입석-청량사-하늘다리-청량산(장인봉) 정상-청량산 안내소

    2023년 10월 28일 일요일, 가을의 청량한 기운이 감도는 아침(6℃)과 포근한 낮(19℃)이 교차하는 날, 한국의 산하 100대 명산 중 69번째인 청량산을 찾았다. 지난주 가을 추수 때문에 산행을 거르고, 며칠 전부터 엄지발가락 통증까지 있어 고민이 많았다. 하지만 일단 출발하고 어려우면 중도 포기하자는 마음으로 새벽 5시에 집을 나섰다. 마을버스와 지하철 4호선을 타고 6시 40분, 사당역 11번 출구에 도착했다.

7시 5분, 사당역을 출발한 버스는 경부고속도로와 평택-제천 고속도로를 달렸다. 안성맞춤휴게소에서 잠시 휴식을 취한 뒤 다시 중앙고속도로를 타고 풍기TG를 나와 11시 35분, 드디어 청량지문에 도착했다. 해우소에서 잠시 쉬며 마음의 짐을 덜어내고, 11시 40분, 축융봉을 향해 첫발을 내디뎠다.

청량사 일주문을 지나 축융봉, 예던길, 안내소, 퇴계 사색 길 등 다양한 이정표를 거치며 오르기 시작했다. 100m마다 촘촘하게 설치된 이정표는 초행길 등산객들에게 훌륭한 길잡이가 되어주었다. 12시 2분, 전망대가 있는 곳에 도착해 잠시 숨을 고르게 되었다. 축융봉까지 남은 거리를 확인하며 꾸준히 발걸음을 옮겼다. 12시 15분, 축융봉 2.0km 지점에 도착했다.
가파른 오르막길이 계속되었지만, 촘촘한 이정표 덕분에 길을 잃을 염려 없이 전진했다. 12시 47분, 축융봉 1.15km 지점에 도착하며 이제 절반 이상을 지나왔

음을 확인했다. 그리고 13시 20분, 마침내 축융봉 정상에 섰다. 정상에서 바라본 청량산과 하늘다리의 풍경은 가을빛에 물 들어 더욱 아름다웠다.

축융봉 정상을 뒤로하고 올랐던 철계단을 내려와 축융봉 갈림길에서 삼삼오오 모여 앉아 점심 식사를 했다. 식사를 마친 후 14시 5분, 청량산과 단천교 갈림길 이정표를 뒤로하고 임도를 따라 이동하게 되었다. 밀성대, 산성입구, 축융봉, 공민왕당 갈림길 이정표를 지나 밀성대 0.15km 이정표를 거쳐 14시 45분, 밀성대에 도착했다.

밀성대를 뒤로하고 산성을 따라 이동하며 축융봉, 공민왕당, 등산로 입구 이정표를 지나 산성 입구와 입석을 거쳐 응진전 갈림길를 지나 15시 25분, 청량사에 도착했다.

청량사를 뒤로하고 일몰 시간을 고려해 발걸음을 재촉했다. 청량사에서 청량산 장인봉으로 향하는 오르막길을 부지런히 올랐다. 1코스, 하늘다리, 자소봉 갈림길 이정표와 자소봉, 하늘다리 갈림길 이정표를 거쳐 16시 5분, 하늘다리에 도착했다.

하늘다리 위에서 바라본 청량산의 풍경은 가히 절경이었다. 하늘다리를 뒤로하고 장인봉 0.35km 이정표와 장인봉 갈림길를 지나 16시 25분, 마침내 청량산(장인봉) 정상에 섰다. 장인봉에서 주변 풍경을 감상하며 69번째 100대 명산 등정의 기쁨을 만끽했다.

장인봉을 뒤로하고 하산을 시작했다. 하늘다리 이정표와 장인봉 이정표를 거쳐 올랐던 철계단을 내려와서 장인봉 갈림길에서 청량사 방향으로 하산을 시작했다. 이곳은 급경사에 자갈길이라 이동에 주의를 요하는 구간이었다. 조심스럽게 내려와 17시 5분, 두들 갈림길에 도착하게 되었다. 두들 갈림길을 뒤로하고 굽이굽이 시멘트 길을 따라 이동하여 17시 20분, 청량폭포가 있는 청량산 도립공원 주차장에 도착하며 오늘의 산행을 마무리했다.

발가락 통증에도 불구하고 무사히 완주할 수 있었던 것은 함께한 '조은산악회' 43명의 산우들과 리더들 덕분이었다. 산행한 모든 이들에게 감사드린다.

팔공산,
추억을 더듬어 오른 겨울 산행

대구시 군위군, 동구/경상북도
경산시, 영천시, 칠곡군 소재
해발 1,193m
산행일 2024. 2. 3.

산행코스 : 수태골 주차장-오도재-팔공산(비로봉) 정상-동봉-염불암-동화사-팔공 총림 동화사 일주문

　　2024년 2월 3일 토요일, 영하 1도의 차가운 아침 공기와 맑고 포근한 낮 햇살(8℃)이 어우러진 날, 팔공산을 찾았다. 이곳은 학창 시절 멋모르고 갓바위를 오르다 혼쭐이 났던 추억, 그리고 옛 직장 동료와 눈 덮인 산을 올랐던 기억이 고스란히 남아 있는 곳이다. '좋은사람들' 회원 27명과 함께 4시간 10분, 약 9.4km의 산행은 새벽부터 시작되었다.

　　아침 5시에 기상하여 산행 준비물을 꼼꼼히 점검했다. 5시 30분, 집을 나서 마을버스와 지하철 4호선을 거쳐 6시 40분, 사당역 1번 출구에 도착했다. 버스를 찾아 한참을 헤맨 끝에 탑승하여 7시에 사당역을 출발했다. 양재역, 죽전 간이버스정류장에서 산우들을 태우고 경부고속도로와 서산영덕고속도로를 달렸다. 화서휴게소에서 잠시 휴식을 취한 뒤 다시 상주영천고속도로를 타고 팔공TG를 나와 10시 45분, 드디어 수태골 주차장에 도착했다.

　　산행 준비를 마치고 10시 50분, 수태골 주차장을 출발했다. 수릉봉산계 표지석을 지나 동봉과 수태골 주차장 갈림길 이정표를 거쳤다. 암벽등반 장소와 동봉, 서봉, 수태골 주차장 갈림길 이정표를 지나 케이블카, 염불암, 동화사, 비로봉, 동봉, 수태골 주차장 갈림길 이정표를 차례로 확인했다. 비로봉, 서봉, 수태골 주차장, 동화사, 동봉 갈림길 이정표에서 비로봉 방향으로 이동하여 12시 25분, 마침내 팔공산 비로봉 정상에 섰다.

비로봉 정상을 뒤로하고 동봉으로 이동했다. 13시, 동봉에 도착하여 잠시 휴식을 취한 뒤 다시 발걸음을 옮겼다. 갓바위, 도마재, 비로봉, 동봉 갈림길 이정표를 지나서 동봉, 갓바위, 염불암 갈림길 이정표를 거쳐 염불봉과 염불암 갈림길 이정표를 차례로 경유하여 13시 55분, 염불암에 도착했다.

염불암을 뒤로하고 아스팔트 길을 따라 하산을 시작했다. 동봉, 염불암, 동화집단시설지구, 동화사 갈림길 이정표를 지나 동봉, 염불암, 동화사 갈림길 이정표를 거쳤다. 양진암, 내원암, 동봉, 염불암, 동화사 갈림길 이정표를 지나 부도암과 동화사 경내를 둘러 보았다. 그리고 15시, 마침내 팔공 총림 동화사 일주문에 도착하며 오늘의 산행을 마무리했다.

옛 추억을 떠올리며 팔공산의 겨울 풍경을 만끽할 수 있었던 뜻깊은 산행이었다. 쌀쌀한 날씨와 강한 바람 속에서도 모두가 안전하게 산행을 마칠 수 있도록 이끌어주신 대장께 진심으로 감사드린다. 다음 산행에서 또 다른 아름다운 풍경을 만날 수 있기를 기대해 본다!

황악산,
설원 속 추억을 걷다

충청북도 영동군/ 경상북도
김천시 소재
해발 1,111m
산행일 2024. 1. 27.

산행코스 : 우두령-형제봉-황악산 정상- 백운봉-여시굴-여시굴산-괘방령

　2024년 1월 27일 토요일, 영하 6도의 쌀쌀한 아침과 영상 7도의 맑은 낮이 어우러진 날, 옛 직장 동료들과 경계 산행을 했던 황악산을 다시 찾았다. 당시의 추억이 고스란히 남아 있 이곳에서 '좋은사람들' 회원 25명과 함께 5시간 40분, 약 12.3km의 산행을 시작했다.

아침 5시, 산행 준비를 마치고 5시 30분 집을 나섰다. 마을버스와 지하철 4호선을 거쳐 6시 30분, 사당역 1번 출구에 도착했다. 버스를 찾아 한참을 헤맨 끝에 탑승, 7시에 사당역을 출발했다. 양재역, 죽전에서 산우들을 태우고 경부고속도로를 달려 9시 15분, 금강휴게소에 도착하게 되었다.

9시 35분, 금강휴게소를 출발해 경부고속도로를 타고 황간TG를 나와 10시 27분, 드디어 우두령에 도착했다. 산행 준비를 마치고 10시 30분, 황악산을 향해 첫발을 내디뎠다. 삼도봉 갈림길을 지나 986봉으로 향하는 길은 아무도 걷지 않은 설원이었다. 눈 쌓인 능선을 헤치며 나아가는 어려움 속에서, 11시 45분, 마침내 삼성산에 도착했다.
삼성산을 뒤로하고 우두령, 황악산 갈림길 이정표를 지나 여정봉을 거쳐 13시, 바람재에 도착했다. 바람재를 지나 신선봉 삼거리로 향하는 능선 길은 경사가 심해 숨이 턱까지 차올랐다.
하지만 황악산, 바람재, 신선봉 갈림길 이정표를 지나면서부터는 많은 산우들의

발자국 덕분에 좀 더 수월하게 이동할 수 있었다. 형제봉을 경유하여 14시 10분, 마침내 황악산 정상에 섰다.

황악산 정상을 뒤로하고 하산을 시작했다. 형제봉 갈림길을 지나 황악산, 괘방령 갈림길 이정표를 거쳐 선유봉을 경유하여 괘방령, 황악산 갈림길 이정표와 괘방령, 직지사, 황악산 갈림길 이정표를 지나 14시 49분, 백운봉에 도착했다. 백운봉을 뒤로하고 황악산, 직지사, 괘방령 갈림길 이정표를 지나 운수봉을 경유하여 여시굴을 지나 여시굴산을 도착하게 되었다. 황악산, 괘방령 갈림길 이정표를 지나 16시 10분, 마침내 괘방령에 도착하여 오늘의 산행을 마무리하게 되었다.

아무도 걷지 않은 눈길을 헤치고, 겨울바람을 맞으며 오른 황악산 산행은 옛 추억을 소환하며 깊은 감동을 안겨주었다. 쌀쌀한 날씨에도 불구하고 모두가 안전하게 산행을 마칠 수 있도록 이끌어주신 대장께 진심으로 감사드린다.
다음 산행은 또 어떤 아름다운 풍경과 추억을 선사해 줄지 궁금해진다.

Ⅵ. 부산·울산·경남권

185	남덕유산, 한겨울 설산이 선물한 은빛 추억
187	금산, 설경 속에서 맞이한 여명
189	부산 금정산, 비와 도시의 불빛이 어우러진 밤샘 산행
191	비진도 선유봉과 미륵산, 통영의 섬과 산을 걷다
194	영남알프스의 신불산! 억새 물결 속 가을의 황홀경
197	능동산-천황산-재약산, 영남알프스의 비 내리는 늦가을 정취
199	지리산 천왕봉, 10년 만의 재회와 잊지 못할 가을밤
201	사량도 지리산, 아쉬움 속 잊지 못할 섬 산행
203	천성산, 겨울비 예보를 뚫고 걷는 비로봉 가는 길
205	화왕산, 슬픔을 딛고 걷는 봄날의 재회
208	황매산, 억새 너머 가을을 걷다

남덕유산,
한겨울 설산이 선물한 은빛 추억

경상남도 거창군, 함양군/ 전라북도 장수군 소재
해발 1,507m
산행일 2023. 1. 28.

산행코스 : 영각공원 지킴터-영각재-하봉-중봉-남덕유산 정상-월영재-황점마을

  2023년 1월 28일 토요일, 구정 연휴의 나태함을 털어내고 남덕유산의 부름에 응답했다. 20여일 만의 산행, 게다가 눈 예보까지 있었으니 긴장 반 설렘 반이었다. 전날 밤, 잠 못 이루고 뒤척이다 새벽 5시, 알람 소리에 맞춰 몸을 일으켰다. 충무로역에서 조은산악회 산우들과 합류, 총 44명의 대규모 원정대가 꾸려졌다. 버스에 몸을 싣자 창밖 풍경은 점점 겨울빛으로 물들었고, 옥산휴게소에서 마신 따뜻한 커피 한 잔은 여정의 시작을 알리는 듯했다.

  10시 48분, 영각공원 주차장에 도착. 임도를 따라 영각탐방지원센터에 다다랐을 때, 이미 겨울 산의 찬 기운이 온몸을 감쌌다. 11시 13분, 남덕유산 정상 3.1km를 알리는 이정표를 뒤로하고 본격적인 산행이 시작되었다. 계곡을 따라 이어진 너덜지대는 발목을 위협했고, 가파른 오르막은 숨을 턱까지 차오르게 했다. 12시 25분, 영각재에 도착하자마자 차가운 바람을 피해 쉼터 안으로 몸을 피했다. 옹기종기 모여 앉아 나눠 먹는 점심은 그 어떤 진수성찬보다 따뜻하고 꿀맛 같았다. 산 정상에서 먹는 밥은 늘 최고지만, 함께 나누는 온기 덕분에 더욱 특별하였다.

  13시 15분, 영각재를 출발해 정상을 향했다. 암벽 구간에선 하산하는 산객들과 뒤엉켜 잠시 정체되기도 했지만, 눈발이 흩날리기 시작하자 주변 풍경은 한 폭의 수묵화처럼 변모했다. 14시 28분, 마침내 남덕유산 정상에 발을 디뎠다. 하

 온 눈으로 뒤덮인 세상은 말 그대로 '설국'이었다. 바람은 차가웠지만, 눈 앞에 펼쳐진 절경은 그 모든 것을 잊게 할 만큼 황홀했다.

 정상에서의 짧은 감동을 뒤로하고 하산을 시작했다. 삿갓재대피소 방향으로 향하는 길은 급경사에 얼어붙은 땅까지 더해져 한 발 한 발 신중하게 내디뎌야 했다. 선두와 후미의 간격이 벌어지자 리더는 곧바로 후미에 인솔자를 배치하는 노련함을 보였다. 15시 15분, 월성재에 도착하여 잠시 숨을 고르고, 굽이굽이 이어진 하산길을 따라 내려오다 16시 33분, 마침내 황점마을에 도착하며 겨울 산행의 막을 내렸다.

 남덕유산은 단순히 산을 오르는 경험을 넘어, 한겨울 설산이 선사하는 장엄한 아름다움과 그속에서 피어나는 따뜻한 동료애를 느끼게 해준 소중한 시간이었다. 안전하고 즐거운 산행을 리드해 주신 리더님과 유쾌한 산우들 덕분에 몸은 고되어도 마음은 풍요로웠던 하루였다. 맛있는 뒤풀이까지 완벽한 마무리! 다음 선자령 산행에는 또 어떤 추억을 만들게 될지 벌써 기대가 된다.

남해 금산,
설경 속에서 맞이한 여명

경상남도 남해군 소재
해발 704.9m
산행일 2023. 11. 17.

산행코스 : 금산탐방지원센터-보리암-화엄봉-금산 정상-상사암-부소암-두모계곡 주차장

  2023년 11월 17일 금요일 밤, 세 번째 시도 끝에 금산 산행의 꿈을 이루기 위해 사당역 10번 출구에 섰다. 자칫하면 또 놓칠 뻔한 아슬아슬한 출발이었다. 버스는 경부와 대전통영고속도로를 달려 남해로 향했고, 창밖으로는 눈발 섞인 비가 흩날려 산행에 대한 기대를 한편으론 불안감으로 물들였다.

새벽 4시 42분, 마침내 금산탐방지원센터에 도착했다. 칠흑 같은 어둠과 눈이 쌓인 돌길은 초반부터 만만치 않은 산행을 예고했지만, 미끄럼에 유의하며 한 걸음 한 걸음 나아갔다. 굽이진 길을 따라 쌍홍문에 다다랐을 땐 아직 동이 트기 전이라 그 웅장함을 온전히 담을 수 없어 아쉬웠지만, 어둠 속에서 어렴풋이 느껴지는 비경은 새벽 산행의 묘미를 더했다.
고요함이 감도는 보리암을 지나 화엄봉에 올랐고, 매서운 새벽 칼바람에 온몸이 얼어붙는 듯했다. 그러나 오전 6시 23분, 마침내 금산 정상에 발을 디뎠을 때, 그 모든 고통은 희열로 바뀌었다. 망대에서 해돋이를 기다렸지만, 추위 탓에 아쉽게 발길을 돌려야 했다. 다시 보리암으로 향했고, 그곳에서 바라본 남해 바다 위로 솟아오르는 장엄한 해돋이는 평생 잊지 못할 순간으로 기억될 것이다.

여명이 밝아오자 비로소 금산의 진면목을 볼 수 있었다. 미처 보지 못했던 쌍홍문의 기묘한 자태와 제석봉에서 내려다본 금산산장과 남해 바다의 절경은 감탄을 자아내게 했다. 좌선대 지나 상사바위에 이르러서는 주변의 기암괴석과 어우

러진 풍경에 넋을 잃었다. 아쉽게도 공사중이라 출입이 금지되었던 부소암은 다음을 기약해야 했다.

총 5.78km, 4시간 25분간의 여정은 남해 양이리 석각을 지나 두모 입구에서 마무리되었다. 눈과 새벽바람이 함께했지만, 금산의 절경은 그 모든 어려움을 잊게 할 만큼 아름다웠다. 삼천포항 활어센터에서 맛본 싱싱한 회 한 접시는 오늘의 피로를 말끔히 씻어주었고, 안전하게 산행을 이끌어준 대장과 함께한 산우들에게 진심으로 감사하며 다음 산행을 기약해 본다.
이것으로 독자분들이 금산의 아름다움을 만끽하는 데 조금이나마 도움이 되었기를 바라 본다.

부산 금정산, 비와 도시의 불빛이 어우러진 밤샘 산행

부산시 동래구, 북구/ 경상남도 양산시 소재
해발 801.5m
산행일 2023. 9. 1.

산행코스 : 산성고개-동문-의상봉-금정산(고당봉) 정상- 청연암-범어사-범어사 주차장

    2023년 9월 1일 금요일 밤, 부산 금정산으로 향하는 버스에 몸을 실었다. 아쉽게도 원래 계획했던 조령산-주흘산 연계 산행이 무산되었지만, 새로운 산에 대한 기대감은 그 아쉬움을 금세 지웠다. 밤새 달려 다음 날 새벽, 비 내리는 산성고개에 도착했다. 칠흑 같은 어둠 속에서 헤드랜턴 불빛에 의지해 동문을 향했고, 빗줄기는 잦아들었지만 미끄러운 돌길은 긴장감을 더했다.

어둠 속을 뚫고 나아가자 비는 그치고 달이 떠오르며 여명이 밝아왔다. 4망루에서 내려다본 부산 시내의 야경은 비 온 뒤 맑게 개는 새벽하늘과 어우러져 장관을 이루었다. 원효봉을 지나 북문에 도착했을 때는 오전 6시, 잠시 숨을 돌린 후 금정산의 정상, 고당봉으로 발걸음을 옮겼다.
금정산 고당봉으로 향하는 길은 만만치 않은 오르막이었지만, 철제 계단을 오르며 뒤돌아본 풍경은 힘든 발걸음을 보상해 주었다. 아쉽게도 금샘은 만나지 못했지만, 마침내 오전 6시 55분, 금정사 고당봉 정상에 올랐을 때, 바람맞은 정상 표지석 앞에서 부산 시내를 한눈에 담으며 잊지 못할 순간을 만끽했다.

고당봉을 뒤로하고 하산을 시작했다. 울창한 숲길을 따라 내려오다 만난 청연암은 고즈넉한 풍경으로 잠시 발걸음을 멈추게 했다. 오전 8시 30분, 범어사 경내를 둘러본 후 범어사 주차장에 도착하며 금정산 산행을 마무리하게 되었다. 천년 고찰 범어사의 위엄과 고요함은 새벽산행의 피로를 잊게 할 만큼 인상 깊었다.

이기대길과 부산 도심의 매력

산행의 여운이 가시기도 전에, 우리는 이기대길 트레킹을 위해 어울림마당으로 향했다. 산우들의 의견을 모아 오륙도 해맞이 공원까지 일부 구간만 걷기로 했고, 상쾌한 바닷바람을 맞으며 트레킹을 시작했다. 치마바위, 농바위를 지나 오륙도가 한눈에 들어오는 오륙도 해맞이 공원에 도착했을 때, 시원하게 펼쳐진 바다와 어우러진 오륙도의 절경은 감탄을 자아냈다. 트레킹을 마친 후에는 부산의 명소 탐방이 이어졌다. 국제시장과 아리랑 거리를 거닐며 활기 넘치는 시장의 분위기를 느꼈고, 자갈치 시장에서는 신선한 해산물이 눈을 즐겁게 했다. 비록 짧은 시간이었지만, 부산의 다양한 매력을 경험할 수 있는 시간이었다.

무박 2일간의 길고도 알찬 여정은 오후 3시 45분, 모든 일정을 마무리하며 끝이 났다. 비로 시작했지만 맑은 날씨로 마무리된 금정산 산행, 푸른 바다를 벗 삼아 걸었던 이기대길 트레킹, 그리고 활기찬 부산 도심 투어까지, 모든 순간이 소중한 추억으로 남았다. 안전한 산행과 트레킹, 투어를 이끌어주신 대장님과 함께한 산우들에게 감사드리며, 다음 산행에서 다시 만날 날을 기대해 본다.

비진도 선유봉과 미륵산,
통영의 섬과 산을 걷다

경상남도 통영시 소재
선유봉 해발 312.5m
미륵산 해발 461m
산행일 2024. 6. 6.

산행코스 : 비진도 외항 선착장-미인도 전망대-선유봉 정상-비진암-외항마을-내항마을-비진도해수욕장/ 용화사 광장-도솔암-미륵산 정상-도솔암-관음암-용화사 광장

　　2024년 6월 5일부터 6일까지, 궂은 날씨에도 불구하고 통영의 아름다운 섬과 산, 비진도 선유봉과 미륵도 미륵산을 탐험했다. 한국의 산하 및 블랙야크 100대 섬&산으로 선정된 곳이라 더욱 기대가 컸다. 퇴근 후 채비를 단단히 하고 밤 11시 25분, 사당역 1번 출구에 도착하며 여정을 시작했다. 늦은 시간 출발한 버스는 자정을 넘어 덕유산휴게소에서 잠시 쉬어갔고, 새벽 4시에는 통영여객선터미널에 도착했다.

비진도, 몽돌해변과 선유봉의 매력에 빠지다

통영여객선터미널에서 충무김밥으로 든든하게 아침 식사를 마치고, 서호전통시장을 잠시 둘러보는 여유도 가졌다. 6시 30분, '한솔 3호' 여객선에 몸을 싣고 푸른 바다를 가르며 비진도로 향했다. 7시 32분, 비진도 외항 여객선터미널에 도착하자마자 산행 채비를 마치고 선유봉을 향해 첫발을 내디뎠다.

선유봉 1.7km를 알리는 이정표를 따라 비진도 산호길 3구간 게이트를 통과하여 지그재그 오르막길을 오르자 망부석 전망대와 미인도 전망대가 연이어 나타나 그림 같은 비진도의 풍경을 선사했다. 특히 미인도 전망대에서 바라본 몽돌해변과 푸른 바다는 감탄사를 자아내기에 충분했다. 흔들바위를 지나 8시 22분, 마침내 선유봉 정상에 올랐다. 정상에서 바라본 파노라마 전경은 그야말로

일품이었다.

선유봉을 뒤로하고 비진도 산호길 3구간 날머리를 거쳐 다시 비진도 외항 여객 선터미널 방향으로 하산하였다. 비진도 해수욕장(몽돌해변)을 거닐며 몽돌이 부딪히는 소리를 들으니 마음이 평화로워졌다. 외항마을을 지나 내항마을회관과 비진분교(폐교)까지 둘러보며 비진도의 소박한 매력을 한껏 느꼈다. 대동산 등산로를 찾지 못해 아쉬웠지만, 해안 산책로에서 만난 강아지와 염소 덕분에 피로가 싹 가셨다. 11시, 다시 비진도 외항 여객센터미널에 도착하여 통영으로 돌아갈 배를 기다렸다.

미륵산, 빗방울 속 고즈넉한 풍경
13시 20분 비진도를 떠난 여객선은 14시 5분 통영여객선터미널에 도착하게 되어 버스에 오르자마자 빗방울이 하나둘 떨어지기 시작했고, 문득 김광필 시인의 '삿갓에 도롱이 입고'라는 시가 떠올랐다. 빗속 산행에 대한 운치를 더해주는 시였다.

14시 25분, 용화사 광장에 도착하여 산행을 준비하니 다행히 빗방울은 멈춰주었고, 14시 30분 미륵산 산행을 시작했다. 용화사를 뒤로하고 거북등대탑, 관음암, 도솔암을 차례로 지나 케이블카 승강장과 미륵산 정상 이정표를 따라 미륵치에 도착하니, 달아 전망대와 미래사 등 다양한 갈림길 이정표가 나타났다. 미륵치에서 미륵산 정상까지는 돌계단과 너덜지대로 이루어진 오르막길이 계속되어 쉽지 않았다. 하지만 힘겹게 올라 15시 12분, 미륵산 정상에 올랐다. 흐린 날씨 탓에 조망은 다소 아쉬웠지만, 그래도 정상에 섰다는 뿌듯함은 그 무엇과도 바꿀 수 없었다.

미륵산을 뒤로하고 왔던 길을 되돌아 용화사 광장으로 하산하기 시작했다. 미륵치와 도솔암, 관음암을 다시 지나 15시 50분, 용화사 광장에 도착하여 오늘의 모든 산행을 마무리했다. 총 13.9km 거리를 4시간 50분 동안 걸으며 통영의 섬과 산을 만끽할 수 있었다. 궂은 날씨에도 불구하고 안전한 산행을 리드해 주신 대장께 감사드리며, 오늘 산행의 또 다른 멋진 추억을 만들 수 있었다.

영남알프스의 신불산!
억새 물결 속 가을의 황홀경

울산시 울주군 소재
간월산 해발 1,069m
신불산 해발 1,159m
영축산 해발 1,081m
산행일 2023. 10. 13

산행코스 : 배내고개-배내봉 정상-간월산 정상-간월재-신불산 정상-신불재-영축산 정상-지산마을

2023년 10월 13일 금요일 밤, 가을 억새의 유혹에 이끌려 영남알프스의 품으로 향했다. 간월산, 신불산, 영축산 종주라는 야심 찬 계획을 품고 말이다. 오랜만에 떠나는 조은산악회와의 산행이라, 며칠 전부터 마음은 이미 영남 알프스를 달리고 있었다. 사당역에서 버스에 몸을 싣자, 늦은 밤의 정적을 뚫고 설렘이 가득 차올랐다. 기사님의 노련한 운전 덕분에 새벽녘 안전하게 배내고개에 도착, 산행 준비를 마쳤다.

새벽 4시 45분, 어둠이 채 가시지 않은 산길을 걸어 배내봉을 향했다. 한 발 한 발 오를 때마다 여명이 밝아오며 주변을 황홀한 오렌지빛으로 물들였다. 마치 자연이 선사하는 빛의 쇼를 감상하는 기분이었다. 배내봉에서 감탄사를 연발하며 잠시 숨을 고른 뒤, 간월산을 향해 발걸음을 옮겼다. 억새가 바람에 흔들리는 모습은 마치 은빛 파도가 일렁이는 바다 같았고, 그 장관에 피로도 잊은 채 걸었다. 7시 7분, 마침내 간월산 정상에 섰을 때, 드넓게 펼쳐진 억새평원은 그야말로 압권이었다.

간월산에서 간월재로 내려서자, 억새는 더욱 기세를 뽐내며 온 산을 뒤덮고 있었다. 따뜻한 떡과 사과로 아침 식사를 해결하며 억새 평원 위에서 맞는 아침은 그 어떤 산해진미보다 값졌다. 든든하게 배를 채우고 신불산으로 향하는 길은 억새 터널을 걷는 듯했다. 가파른 계단을 오르다 만난 데크 전망대에서는 지나온 간월

재의 풍경이 한눈에 들어와 감탄을 자아냈다. 10시 7분, 신불산 정상에 올랐을 때, 바람에 일렁이는 황금빛 억새는 가을의 절정을 노래하는 듯했다.

신불산을 뒤로하고 신불재를 지나 영축산으로 향하는 길은 그야말로 억새의 향연이었다. 영남알프스 하늘 억새 길이라는 이름이 무색하지 않을 만큼, 발길 닿는 곳마다 억새가 장관을 이루었다. 때로는 길을 헤매기도 했지만, 덕분에 숨겨진 비경을 발견하는 재미도 쏠쏠했다. 11시 12분, 영축산 정상에 섰을 때, 탁 트인 시야는 막힌 가슴을 시원하게 뚫어주었다. 하산 길은 가파르고 험난했지만, 간이매점에서 마신 따뜻한 커피 한 잔은 지친 몸과 마음에 활력을 불어넣어 주었다. 13시 45분, 마침내 지산마을에 도착하며 14.8km, 9시간의 대장정을 마무리했다.

이번 영남알프스 종주는 가을 억새가 선사하는 황홀한 풍경 속에서 자연의 경이

로움을 온몸으로 느낄 수 있었던 잊지 못할 경험이었다. 대장의 노련한 리더십과 함께 웃고 걸었던 산우들 덕분에 몸은 고되어도 마음만은 풍요로웠던 하루였다. 다음 청량산 산행은 또 어떤 이야기가 우리를 기다리고 있을까? 벌써 기대된다.

능동산-천황산-재약산, 영남알프스의 비 내리는 늦가을 정취

경상남도 밀양시 소재
능동산 해발 983m
천황산 해발 1,189m
재약산 해발 1,108m
산행일 2022.11.13.

산행코스 : 배내고개-능동산 정상-샘물상회-천황산(사자봉) 정상-천황재-재약산(수미봉)정상-죽전삼거리-죽전마을

    2022년 11월 12일 밤, 나는 42명의 산우들과 함께 영남알프스로 향하는 버스에 몸을 실었다. 20여 년 전, 62명의 직장 동료들과 함께했던 산행의 추억이 떠올라 가슴이 설레었다. 밤새 빗방울이 창문을 두드렸지만, 산우들의 안전을 위해 버스 업체를 바꿨다는 리더의 말에 안심하고 깊은 잠에 빠져들었다.

다음 날 새벽, 배내고개에 도착했을 때 비는 잦아들었지만, 세상은 짙은 안개로 덮여 있었다. 뭉친 근육을 풀고 아침 식사를 마친 뒤, 우리는 오전 7시 드디어 걷기 시작했다. 20분 남짓 걸었을까, 능동산과 천황산으로 갈리는 이정표가 나타났다. 헬기장을 지나 7시 40분, 우리는 첫 번째 봉우리인 능동산 정상에 올랐다. 비가 걷힌 풍경은 마치 수묵화처럼 고즈넉한 아름다움을 뽐냈다.

능동산을 뒤로하고 10여 분을 걷자 쇠점골 약수터가 나타났다. 시원한 약수로 목을 축이고 임도를 따라 걷는 길은 몽환적이었다. 흐릿한 안개 속에서 능선은 때때로 그 모습을 드러내며 우리를 유혹했다. 걷고 또 걸어 마침내 9시 41분, 천황산 사자봉 정상에 섰다. 날씨 탓에 멀리 보이지는 않았지만, 사자봉의 웅장한 기운은 우리를 압도하기에 충분했다. 잠시 간식을 나누며 숨을 돌린 뒤, 우리는 다음 목적지인 재약산으로 향했다.

천황산에서 재약산으로 이어지는 길은 비교적 완만하여 걷기 수월했다. 오전 11시, 마침내 재약산 수미봉 정상에 도착했다. 정상에서 선두 그룹을 기다리며 과일과 커피를 마셨다. 11시 56분, 모두 함께 하산을 시작했다.

죽전마을로 향하는 하산 길은 억새밭의 물결로 황홀했다. 바람에 흔들리는 억새꽃은 마치 은빛 파도처럼 일렁였다. 넓게 펼쳐진 억새밭을 배경 삼아 사진을 찍으며 잠시 추억을 남겼다.

하산 도중 잠시 길을 헤매기도 했지만, 이정표를 꼼꼼히 확인하며 올바른 길을 찾았다. 오후 2시 20분, 14km의 긴 여정을 마치고 죽전마을에 도착했다. 7시간 20분 동안 비와 안개, 늦가을의 정취 속을 걸었던 이번 산행은 잊지 못할 경험으로 남았다. 20여 년 전의 추억을 소환하고, 새로운 추억을 더할 수 있었던 소중한 시간이었다. 아름다운 길을 안전하게 이끌어 준 리더와 함께한 산우들에게 감사함을 전하며 영남알프스와의 다음 만남을 기약한다.

지리산 천왕봉, 10년 만의 재회와 잊지 못할 가을밤

경상남도 산청군, 히동군, 함양군/ 전라남도 구례군, 남원시 소재
해발 1,915m
산행일 2022. 9. 30.

산행코스 : 중산리 탐방지원센터-법계사-지리산(천황봉) 정상-제석봉-연하봉-세석대피소-거림 탐방지원센터

　　　2022년 9월 30일 금요일 밤, 10년 만에 다시 지리산 천왕봉을 만나러 가는 길에 올랐다. 대구에서 직장 동료들과 함께 중산리에서 천왕봉을 거쳐 장터목대피소까지 갔던 옛 기억이 새록새록 떠올랐다. 그때도 야생동물 출몰지역 안내판이 유난히 눈에 띄었는데, 10년이 지난 지금은 어떤 모습일지 궁금증과 설렘이 교차했다.

사당역 10번 출구에 도착하니 이미 많은 산우들이 모여 산행 이야기꽃을 피우고 있었다. 예정보다 늦은 버스는 밤새 달려 지리산 중산리에 새벽 3시 16분 도착, 한밤중임에도 등산객들의 열기는 뜨거웠다.

새벽 3시 20분, 헤드랜턴 불빛을 길 삼아 드디어 지리산 산행의 첫발을 내디뎠다. 아스팔트길을 따라 이어지는 헤드랜턴 불빛 행렬은 흡사 반딧불이 춤추는 듯했다. 잠시 길을 잘못 들어 공사 현장으로 들어서는 해프닝도 있었지만, 이내 통천갈에 도착하며 본격적인 산행의 시작을 알렸다. 칼바위의 웅장함에 잠시 압도당했다가, 로타리 대피소를 지나 법계사 일주문을 통과했다. 그리고 개선문을 지나 천왕봉을 향한 마지막 발걸음을 재촉했다.

새벽 7시 40분, 마침내 지리산 천왕봉 정상에 섰다. 화창한 가을 날씨 속에서 바라본 지리산의 비경은 그 웅장함과 아름다움으로 모든 피로를 잊게 했다. 10년 전의 기억을 되살리며 다시 만난 지리산 천왕봉은 여전히 굳건하고 위엄 있

어 보였다. 정상에서의 감격을 뒤로하고 칠선계곡 상단과 통천문을 지나 제석봉에 도착했다.

장터목대피소에서는 옛날 이곳까지 장을 보러 왔던 사람들의 이야기에 감탄하며 간단히 아침식사를 해결했다. 하지만 설악산 산행 후 좋지 않았던 무릎 때문에 쉬는 시간을 최소화하고 연화봉으로 향했다. 촛대봉에서는 잠시 휴식을 취하며 에너지를 보충한 뒤, 현대식 시설이 인상적인 세석대피소에 도착했다. 이곳에서 물을 보충하고 거림 탐방지원센터로 하산을 시작했다.
약 16.5km, 10시간 33분간의 길고도 험난한 여정은 오후 1시 53분, 거림 탐방지원센터에 도착하며 마무리하게 되었다. 지리산의 웅장함과 아름다움을 다시금 느끼는 시간이었지만, 아픈 무릎 탓에 아쉬움도 남는 산행이었다.

이번 지리산 종주를 위해 애써주신 리더께 감사드리며, 나로 인해 걱정을 끼쳐 드린 산우들께 이글을 통해 죄송하단 마음을 전해 본다.

사량도 지리산,
아쉬움 속 잊지 못할 섬 산행

경상남도 통영시 소재
지리산 해발 397.8m
칠현봉 해발 324m
산행일 2023. 6. 4.

산행코스 : 내지항-수우도 전망대-지리산 정상-달 바위-옥녀봉 정상-사량면사무소-사량대교-칠현봉-덕동

    2023년 6월 3일 토요일 밤, 갑작스러운 집안일로 취소했던 사량도 지리산 산행에 다시 도전하기 위해 허겁지겁 사당역 10번 출구에 도착했다. 택시를 타고 겨우 출발 시간을 맞춘 아슬아슬한 시작이었다. 밤 11시 30분, 버스는 덕유산휴게소를 거쳐 새벽 3시 25분, 삼천포항 버스 전용 주차장에 우리를 내려놓았다. 이른 시간에도 영업하는 김밥집에서 아침을 해결하고, 드디어 고성 용암포항 선착장으로 향했다.

아침 7시, 풍양카페리호에 버스째 몸을 싣고 바다를 건너 사량도 내지항에 도착했다. 오전 7시 37분, 수우도 전망대를 뒤로하고 본격적인 사량도 지리산 산행을 시작했다. 굽이진 산길을 오르며 만난 이름 모를 풍경들은 섬 산행의 묘미를 더해주었다. 오전 8시 27분, 마침내 지리산 정상에 발을 디뎠다. 이곳에서 우연히 만난 산우와 도란도란 이야기를 나누며 함께 산행을 이어갔다.

달 바위로 향하는 길, 갑자기 나타난 야외 이동 매점에서 맛본 시원한 메론 아이스크림은 단비 같았다. 달 바위에 도착해서는 그 유래를 읽어보며 잠시 상념에 잠기기도 했다. 급경사 계단을 따라 가마봉에 도착한 후, 아찔한 출렁다리를 건너 옥녀봉에 섰을 땐 짜릿함과 동시에 성취감이 밀려왔다. 간식을 먹으며 잠시 휴식을 취한 뒤, 사량면사무소로 내려와 시원한 음료로 갈증을 해소했다.

사량면사무소를 지나 사량대교를 건너 칠현봉으로 향했다. 경사진 오르막길을 헉헉대며 오르던 중, 갑자기 찾아온 다리 경련에 발걸음이 묶였다. 함께 동행하던 산우들이 능숙하게 응급처치를 해주시고, 심지어 무거운 배낭까지 짊어져 주었던 덕분에 나는 절뚝거리며 겨우 칠현봉에 도착할 수 있었다. 몸은 힘들었지만, 따뜻한 동료애 덕분에 힘든 고비를 넘길 수 있었다.

덕동으로 이어지는 급경사 하산길은 미끄럽고 험난했지만, 무사히 내려와 산행을 마무리하게 되었다. 아쉬운 점이 있다면, 고마움을 제대로 전하지 못한 여성 산우께 이 글을 빌려 진심으로 감사의 마음을 전한다.

오후 4시, 용암포항에 도착하며 사량도에서의 무박 2일 산행을 마무리했다. 이번 산행은 아름다운 섬 풍경과 함께 뜻밖의 위기를 극복하는 과정에서 동료애의 소중함을 다시금 깨달은 의미 있는 시간이었다.

천성산, 겨울비 예보를 뚫고 걷는 비로봉 가는 길

경상남도 양산시 소재
해발 855m
산행일 2024. 2. 25.

산행코스 : 내원사 주차장-중앙 능선-천성산(비로봉) 정상-내원사-내원사 주차장

지난 2월 25일 일요일, 비 소식에도 아랑곳하지 않고 천성산으로 향했다. 새벽 5시 10분, 단단히 무장하고 나섰건만 시작부터 마을버스 환승이라는 '작은 시련'이 기다리고 있었다. 우여곡절 끝에 사당역에 도착, 24명의 산우들과 버스에 몸을 싣자 비로소 천성산을 향한 여정이 실감 났다. 낙동강의성휴게소에서 잠시 숨을 돌리고 10시 50분, 오늘의 출발점인 내원사 주차장에 도착했다. 해우소에서 '근심 걱정'까지 비우고 나니, 산행 준비 완료!

아스팔트 길을 걷다 만난 중앙 능선 초입의 이정표는 마치 수수께끼 같았다. 비로봉까지 4.75km. 젖은 땅과 낡은 나무 계단은 초반부터 발목을 잡았지만, 촘촘히 박힌 이정표들은 엉뚱한 방향으로 가지 않도록 나침반이 되어주었다. 특히 암벽에 설치된 로프를 잡고 오르는 구간은 흡사 액션 영화의 한 장면 같았다. 짜릿함과 함께 펼쳐지는 풍경은 숨겨진 보너스! 12시 55분, 드디어 공룡능선 삼거리에 도착했을 때, 비로봉까지 0.95km 남았다는 표지판은 마치 "다 왔어!"라고 외치는 듯했다.

짚복대, 원효봉 등 다양한 갈림길 이정표를 지나 13시 29분, 드디어 천성산 비로봉 정상에 섰다. 흐린 날씨에도 불구하고 정상에서 바라본 웅장한 풍경은 마치 먹물로 그린 동양화 같았다. 가슴이 뻥 뚫리는 듯한 시원함이 온몸을 감쌌다.

정상을 뒤로하고 내원사로 향하는 하산길은 가파르고 험난했다. 계곡을 따라 흐르는 물소리는 지친 다리에 활력을 불어넣어 주었고, 14시 40분, 고즈넉한 내원사에 도착했다. 내원사를 벗어나 주차장으로 향하는 길목에서는 '적벽굴' 이정표와 마음을 울리는 글귀가 새겨진 표지석을 만났다. 다리마다 새겨진 불교 용어는 걷는 내내 새로운 재미를 더했다. 15시 25분, 덕만주차장에 도착하며 총 11.33km의 산행을 성공적으로 마무리하게 되었다.

비 예보에도 굴하지 않고 안전하게 산행을 이끌어주신 대장 덕분에 값진 추억을 또 하나 만들었다. 천성산은 단순한 산행을 넘어, 도전과 극복, 그리고 자연과의 교감을 선물해 준 소중한 시간이 된 것 같다.

화왕산,
슬픔을 딛고 걷는 봄날의 재회

경상남도 창녕군 소재
해발 756.6m
산행일 2023. 4. 22.

산행코스 : 옥천 매표소-관룡사-용선대-관룡산-화왕산성-화왕산 정상-자하곡주차장

2023년 4월 22일 토요일, 오랜만에 나선 산행이라 걱정이 앞섰다. 장인어른을 떠나보낸 지 3주, 내게는 유독 각별했던 분이라 마음 한편이 아릿했다. 쉽게 잠 못 이루던 밤을 보내고 새벽 5시 알람 소리에 맞춰 일어나 집을 나섰다. 사당역 11번 출구에 도착하니 6시 40분. 경찰단속으로 인해 살짝 떨어진 곳에서 버스가 기다렸지만, 43명의 조은산악회 산우들과 함께 7시 7분, 드디어 화왕산을 향한 여정이 시작되었다.

관룡사의 고즈넉함과 관룡산 정상의 여유

2시간 6분을 달려 화서휴게소에서 승무원이 모닝커피 한 잔으로 잠을 깨웠다. 리더의 산행 안내와 함께 1시간여분을 더 이동하니 11시 19분, 오늘의 산행 들머리인 화왕산 옥천매표소에 도착하게 되었다. 조금 늦어진 일정에도 불구하고, 산우들은 저마다의 준비를 마치고 11시 25분 힘찬 발걸음을 내디뎠다.

아스팔트길을 따라 걷는 동안, 오랜만에 만난 산우들과 못다 한 이야기를 나누며 지난 시간의 아쉬움을 달랬다. 35분 후, 고즈넉한 관룡사에 다다랐다. 사찰의 평화로운 분위기에 잠시 마음을 정화하고, 본격적인 산행 길로 접어들었다. 큰 어려움 없이 걷다 보니 12시 12분, 용선대에 도착했다. 용선대 석조여래좌상의 고고한 자태를 감상하며 자연 속에서 잠시 평온을 찾았다. 용선대를 뒤로하고 13시 2분, 마침내 관룡산 정상에 올랐다. 넓은 정상에서 각자 준비해 온 점심을 나

눠 먹으며 여유로운 시간을 보냈다.

화왕산성의 웅장함과 화왕산 정상의 비경

13시 25분, 관룡산을 출발하여 허준 세트장으로 향했는데 드라마 촬영지답게 고풍스러운 분위기가 인상적이었다. 허준 세트장을 지나 몇 분 더 걸으니 화왕산성에 도착하게 되었다. 웅장한 성곽을 따라 걷다 보니 마치 과거로 시간 여행을 온 듯한 기분이 들었다. 14시 35분, 화왕산 정상 이정표를 지나 걱정바위, 거북바위 등 기암괴석을 감상하며 14시 50분, 드디어 화왕산 정상에 섰다. 미세먼지가 걷힌 오후, 탁 트인 시야는 막힌 가슴을 시원하게 뚫어주는 듯하였다.

정상에서 미소바위, 소원바위를 지나 15시 3분, 동문 갈림길 이정표에 도착했다. 배바위와 곰바위 등 독특한 바위들을 감상하며 하산 길을 이어갔다. 16시 7

분, 매표소(1.9km)와 2 등산로 갈림길 이정표에 도착하여 2 등산로로 하산을 시작했다. 곰바위 구간처럼 너덜지대와 화강암 암벽으로 이루어진 급경사 구간이라 특히 주의를 요구하는 길이었다. 33분간의 조심스러운 하산 끝에 16시 40분, 오늘의 종착지인 자하곡주차장에 도착하며 10.4km, 5시간 15분의 산행을 마무리하게 되었다.

오랜만에 나선 산행이라 걱정도 많았지만, 아름다운 화왕산의 풍경과 함께 해준 조은산악회 산우들 덕분에 무사히 완주할 수 있었다. 슬픔을 딛고 자연 속에서 치유의 시간을 가질 수 있었던 소중한 하루였던 것 같다.

황매산,
억새 너머 가을을 걷다

경상남도 합천군 소재
해발 1,113.1m
산행일 2023. 10. 8.

산행코스 : 떡갈재-너백이 쉼터-황매산 정상-베틀봉-모산재-독도 바위-덕만주차장

지난 10월 8일, 가을빛 완연한 황매산 자락을 밟았다. 전날 운문산-가지산 종주로 다리 근육은 비명을 질렀지만, 미지의 산이 주는 설렘은 그 모든 고통을 잠재웠다. 새벽 5시, 알람 소리에 맞춰 몸을 일으키는 순간부터 이미 산행은 시작된 셈이다. 사당역 10번 출구에 모인 27인의 산우들과 함께 버스에 몸을 싣고 대전통영고속도로를 가로질러 떡갈재에 닿으니, 시계는 어느덧 10시 20분을 가리켰다.

떡갈재에서 시작된 오름길은 초반부터 '이정표 미스터리'로 흥미를 더했다. 황매산 정상까지 남은 거리가 제각각인 이정표들은 흡사 수수께끼를 내듯 산객을 혼란에 빠뜨렸다. 심지어 땅에 나뒹구는 이정표는 관할 지자체의 세심한 관리가 필요하다는 무언의 시위처럼 보였다. 그럼에도 불구하고, 발걸음은 멈추지 않았다. 너백이 쉼터와 장고배미 쉼터를 지나 너른 바위를 밟고 돌계단을 오르자, 11시 50분 마침내 황매산 정상이 우리를 맞았다. 땀방울 송골송골 맺힌 이마 위로 불어오는 정상의 바람은 그 어떤 보상보다 값진 시원함을 안겨주었다.

정상에서 잠시 숨을 고른 뒤, 억새 물결 가득한 능선을 따라 모산재로 향했다. 시야를 가득 채우는 은빛 억새는 마치 파도가 일렁이는 바다처럼 장관을 연출하였고, 그 사이로 간간이 보이는 뭉게구름은 한 폭의 그림 같았다. 지리산 촬영지로 이어지는 데크길을 따라 걷다 보니, 영화 속 주인공이 된 듯한 착각에 빠지기

도 했다. 산불감시초소에서 바라본 황매산의 광활한 풍경은 그야말로 압권이었다. 해발 1,000m 고지에서 굽어보는 대자연의 위용은 숨이 멎을 듯 아름다웠다.

철쭉제단을 지나 모산재로 향하는 길은 황매산이 품고 있는 또 다른 매력을 선사했다. 닭벼슬바위, 독도바위, 순결바위 등 기암괴석이 즐비한 암릉 구간은 스릴 넘치는 경험을 선사했고, 때로는 아슬아슬한 구간도 있었지만 그만큼 더 짜릿한 즐거움을 주었다. 13시 43분, 모산재 정상에 서서 지나온 길을 돌아보니 뿌듯함이 밀려왔다.

모산재를 뒤로하고 덕만주차장으로 내려서는 길은 아쉬움 반, 홀가분함 반이었다. 14시 35분, 드디어 덕만주차장에 도착하며 약 9.37km의 산행을 마무리하게 되었다. 전날의 피로에도 불구하고 무사히 산행을 마칠 수 있었던 것은 함께한 산우들과 대장의 리더십 덕분이다. 황매산은 단순히 산을 오르는 것을 넘어, 자연의 아름다움 속에서 스스로를 돌아보고 또 다른 나를 발견하는 소중한 시간이 되었다.

Ⅶ. 전북권

211　강천산, 깊어가는 가을 속에서 만난 폭포와 단풍의 향연
213　내장산, 가을의 문턱에서 만난 또 다른 매력
216　덕유산, 7월의 숲길에서 만난 여름날의 선물
219　마이산, 비 예보를 뚫고 만난 돌탑의 신비
222　모악산, 봄바람 타고 오른 영험한 산의 선물
225　내변산, 추억 따라 걸었던 초록빛 시간
227　선운산, 여름날의 우여곡절 끝에 만난 평화
229　지리산 바래봉, 겨울 설경 속으로 떠난 힐링 산행
231　장안산, 눈과 비가 어우러진 겨울 동화

강천산, 깊어가는 가을 속에서 만난 폭포와 단풍의 향연

전라북도 순창군/ 전라남도 담양군 소대
해발 584m
산행일 2023. 11. 11.

산행코스 : 강천군립 주차장-병풍폭포-강천사-현수교-강천 제2호수-형제봉-강천산(왕자봉)정상-현수교-거라시바위-매표소-강천군립 주차장

    2023년 11월 11일 토요일, 조계산 대신 강천산의 부름에 응답했다. 영하의 쌀쌀한 아침 공기에도 맑고 구름 많은 날씨는 산행의 설렘을 더했다. 새벽 5시 30분 집을 나선 나는 사당역 10번 출구에서 28명의 다음매일 산악회 회원들과 합류, 강천산을 향한 여정을 시작하게 되었다.

11시 15분, 강천산 군립공원 주차장에 도착하자마자 병풍폭포로 향했다. 웅장한 병풍폭포 앞에서 울려 퍼지는 가수분의 노랫소리와 따뜻한 음료 나눔은 산행 시작부터 훈훈함을 더했다. 데크 산책로를 따라 투구봉, 금강문 등 기암괴석을 감상하며 12시, 강천문을 지났다. 이내 고즈넉한 강천사 절의 탑이 눈에 들어왔고, 삼인대를 지나 현수교로 향했다. 아찔한 현수교를 건너 구장군폭포에 다다르자, 시원하게 쏟아져 내리는 물줄기는 한동안 나를 넋 놓게 만들었다.

구장군폭포를 뒤로하고 제2 강천호의 잔잔한 수면을 보며 형제봉 삼거리를 거쳐 13시 45분, 마침내 강천산(왕자봉) 정상에 올랐다. 맑은 날씨 덕분에 사방으로 탁 트인 조망은 가슴까지 시원하게 뚫어주었다. 하지만 하산길, 급경사 지역에서 마주한 아찔한 순간은 산행의 긴장감을 더했다. 쇼크로 쓰러진 여성 산객과 분주히 움직이는 119 구조대원들, 그리고 상공을 맴도는 소방 헬기. 무사 귀환을 빌며 조심스럽게 하산을 이어갔다.

현수교를 다시 지나 염불을 외는 스님께 시주를 하고 계단을 내려섰다. 메타스

퀘어 길을 따라 걷는 동안 두꺼비바위, 거라시바위, 어미바위, 아비바위 등 기이한 형상의 바위들이 지루할 틈 없이 눈을 즐겁게 했다. 투구봉을 지나 다시 병풍폭포를 경유, 15시 20분 강천산 군립공원 주차장에 도착하며 9.91km, 4시간의 산행을 마무리했다.

아름다운 단풍과 웅장한 폭포, 기이한 바위들이 어우러진 강천산은 왜 '호남의 금강산'이라 불리는지 절로 고개가 끄덕여지는 산행이었다.

내장산,
가을의 문턱에서 만난 또 다른 매력

전라북도 순창군, 정읍시/ 전라남도 장성군 소재
해발 763m
산행일 2023. 9. 10.

산행코스 : 대가저수지-내장산(신선봉) 정상-까치봉-소등근재-순창새재-백암산(상왕봉)정상-백학봉-백양사-백양사 주차장

    2023년 9월 10일 일요일, 이틀 연속 산행이라는 개인적인 도전을 위해 내장산을 찾았다. 붉게 물든 가을 내장산도 좋지만, 가을의 문턱에 들어선 내장산의 푸릇한 기운을 만끽하고 싶었다. 여기에 늘 안전을 최우선으로 여기며 버스 안에서 스트레칭까지 시켜주시는 산행 대장의 리더십 또한 이번 산행을 기대하게 만드는 이유였다. 새벽 5시에 기상하여 익숙하게 사당역 10번 출구로 향했고, 6시 23분, 이미 그곳에 버스는 도착해 있었다.

신선봉과 까치봉, 내장산의 숨겨진 능선길

6시 50분, 사당역을 출발한 버스는 양재, 죽전, 신갈 간이버스정류장을 거쳐 정안휴게소에서 잠시 쉬어갔다. 휴게소를 출발한 지 1시간 45분 만에 대가저수지에 도착했지만, 버스 회전 문제로 승무원과 대장께서 고생이 많은 듯하였다. 10시 18분, 드디어 산행을 시작하여 내장산(신선봉)을 향했다.
대가 탐방로 입구를 지나 지그재그로 이어진 등산로를 50분간 힘겹게 올라 11시 8분, 내장산 신선봉에 도착했다. 신선봉에서 내려다본 대가저수지의 풍경은 고생한 보람을 느끼게 해주었다. 신선봉을 뒤로하고 능선 길을 따라 11시 45분, 까치봉에 섰다. 칼바위 능선길에서 보이는 신선봉의 모습은 또 다른 매력으로 다가왔다. 까치봉 정상에서 넓게 펼쳐진 탐방로 안내도를 보며 잠시 숨을 골랐다.

소등근재와 순창새재, 백암산으로 향하는 길

까치봉에서 왔던 길을 되돌아 소등근재로 향했다. 오르락내리락하는 길과 곳곳에 보이는 산죽군락지가 인상적이었다. 59분을 걸어 12시 44분, 소등근재에 도착했다. 이곳은 계곡과 인접해 있어 집중호우 시 산행에 주의해야 할 곳임을 깨닫게 되었다. 소등근재를 뒤로하고 너덜지대를 지나 13시, 순창새재에 도착했다. 순창새재를 지나 13시 54분, 마침내 백암산(상왕봉)에 올랐다. 상왕봉에서 바라본 풍경은 오후의 흐린 날씨에도 불구하고 웅장함을 잃지 않았다. 상왕봉을 뒤로하고 26분 만인 14시 20분, 백학송에 도착했다. 백학송에서 멀리 무등산까지 조망할 수 있어 감탄을 자아냈다.

백학봉과 백양사, 그리고 산행의 마무리

백학송을 뒤로하고 백양사 방향으로 이동했다. 여러 갈림길을 지나 14시 46분, 백학봉 정상에 섰다. 약사암으로 향하려 했으나 경사가 너무 심해 다시 백양계곡 방향으로 하산을 시작했다. 돌계단과 지그재그 길을 따라 조심스럽게 내려왔다. 50분간의 하산 끝에 15시 36분, 백양사 0.5km 이정표가 있는 약사암 백학

봉 가는 길 입구에 도착했다.

시멘트 도로를 따라 부지런히 걸어 청량원 입구의 해우소에서 근심을 비우고 15시 49분, 백양사에 도착했다. 백양사의 고즈넉한 풍경은 산행의 피로를 잊게 해주었다. 백양사를 둘러보고 쌍계루, 백암산 백양사 표지석, 백암탐방 안내소를 거쳐 16시 18분, 내장산 국립공원 백암사무소에 도착하며 13.5km, 6시간의 긴 산행을 마무리했다.

이틀 연속 산행이었음에도 불구하고, 안전한 산행을 리드해 주신 대장과 함께 해주신 다음매일 산악회 회원들 덕분에 무사히 완주할 수 있었다. 가을의 문턱에서 만난 내장산의 또 다른 매력은 오랫동안 기억에 남을 것 같다.

덕유산, 7월의 숲길에서 만난 여름날의 선물

전라북도 무주군, 장수군/ 경상남도 거창군, 함양군 소재
해발 1,614m
산행일 2023. 7. 8.

산행코스 : 안성탐방지원센터-동엽령-백암봉-중봉-덕유산(향적봉) 정상-백련사-무주구천동 계곡-구천동탐방지원센터

2023년 7월 8일 토요일, 뜨거운 여름의 한복판, 덕유산의 초록빛 유혹에 이끌려 다음매일 산악회에 몸을 실었다. 7월의 덕유산은 어떤 모습일까 궁금했고, 옛 회사 동료와의 동행은 설렘을 더했다. 한여름 산행에 16.2km라는 만만치 않은 거리를 앞두고 준비를 단단히 했다. 새벽5시, 꼼꼼히 챙긴 배낭을 메고 익숙한 사당역 10번 출구에 도착했다. 6시 35분, 버스는 산우들을 태우고 초록의 덕유산을 향해 달렸다.

동엽령 가는 길, 자연과의 대화

옥산휴게소에서 잠시 숨을 고른 뒤, 9시 50분 안성탐방지원센터에 도착했다. 가벼운 스트레칭으로 몸을 푼 뒤, 9시 55분 드디어 덕유산의 품으로 들어섰다. 칠연의총 진입로를 지나 문덕소의 시원한 계곡물 소리를 들으며 걷다 보니, 어느새 덕유산국립공원관리공단 직원 두 분을 만났다. 현장 순찰 중이라는 두 분은 아이들과 함께 오르기엔 힘든 길이라며 웃었다. 덕담을 나누며 걷다 11시 38분, 동엽령에 도착했다. 푸른 숲으로 둘러싸인 동엽령에서 잠시 휴식을 취하며 간식을 나눠 먹었다.

백암봉과 중봉, 원추리 꽃이 반기는 능선길

동엽령에서 1시간 2분을 걸어 12시 40분, 백암봉에 도착했다. 시원하게 펼쳐진

풍경에 감탄하며 다시 발걸음을 옮겼다. 저 멀리 중봉에는 곤돌라를 타고 온 등산객들이 개미처럼 보였고, 주변에는 노란 원추리 꽃들이 한여름의 정취를 더하고 있었다. 13시 6분, 중봉에 도착하니 비목 군락지가 눈을 즐겁게 했다. 자연이 선사하는 작은 예술 작품들을 감상하며 향적봉으로 향했다.

향적봉의 기개, 그리고 아찔했던 하산길
13시 45분, 드디어 향적봉 정상에 섰다. 맑은 날씨 덕분에 사방으로 탁 트인 조망은 답답했던 가슴을 시원하게 뚫어주었다. 향적봉대피소와 향적봉의 웅장함을 뒤로하고 13시 50분, 무주구천동 계곡으로 하산을 시작했다. 급경사와 많은 계단, 그리고 너덜지대로 이루어진 하산길은 전날 내린 비로 인해 미끄러워 한 발 한 발 조심해야 했다.
조심스러운 하산 끝에 14시 45분, 백련사에 도착하게 되었다. 고즈넉한 사찰

의 분위기 속에서 잠시 마음을 가다듬고, 어사 박문수가 걸었던 구천동 어사길을 따라 구천동 계곡을 내려왔다. 시원한 계곡물 소리와 함께 야생 수국 등 다양한 식물들을 감상하며 걷는 길은 그 자체로 힐링이었다. 신양담, 비파담, 인월암 등 구천동 33경 중 일부를 지나 16시 10분, 구천동 탐방지원센터에 도착하며 16.2km, 6시간 15분의 긴 산행을 마무리하게 되었다.

7월의 덕유산은 기대했던 것 이상의 아름다움을 선사해주었다. 푸른 숲과 시원한 계곡, 그리고 노란 원추리 꽃까지, 자연이 주는 선물에 감탄이 끊이지 않았다.

마이산,
비 예보를 뚫고 만난 돌탑의 신비

전라북도 진안군 소재
해발 687.4m
산행일 2023. 8. 19.

산행코스 : 함미산성-505봉-광대봉-고금당-비룡대-봉두봉-은수사-마이산(암마이봉)정상-은수사-금당사 남부주차장

    2023년 8월 19일 토요일, 월악산 산행이 무산된 대신 마이산의 독특한 매력을 찾아 떠났다. 흐리고 비 예보가 있었지만, '소나기 전에 끝내자'는 결연한 의지를 다졌다. 새벽 5시 기상, 6시 35분 사당역 10번 출구 도착은 이제 습관이 됐다. 23명의 다음매일 산악회 회원들과 함께 6시 50분 버스에 몸을 싣고 마이산을 향했다.

함미산성에서 광대봉까지, 비 내리는 숲길

탄천휴게소에서 잠시 쉬어간 뒤, 대장의 상세한 산행 안내를 들으며 10시 10분 함미산성 입구에 도착했다. 충분한 스트레칭 덕분에 몸은 가벼웠다. 10시 12분, 비 내리는 숲길로 첫발을 내디뎠다. 묘지가 있는 측면을 지나 흐릿한 등산로를 따라 오르니 10시 29분, 함미산성에 다다랐다.

여러 119 구조 안내판을 지나 57분간 걸어 11시 26분, 505봉에 도착했다. 약초 '부처 손'을 발견하는 작은 재미도 있었다. 505봉을 뒤로하고 11시 42분, 암벽을 힘겹게 올라 광대봉 정상에 섰다. 광대봉에서 바라다본 마이산의 웅장한 모습은 감탄을 자아냈지만, 쇠파이프를 잡고 내려오는 미끄러운 길은 눈이나 비 올 때는 자제해야겠다는 생각이 절로 들었다.

고금당과 비룡대, 그리고 봉두봉

광대봉을 내려와 고금당으로 향했다. 마이산 돌탑과 비룡대 방향 이정표들을 지나 12시 55분, 고금당에 도착했다. 고즈넉한 암자의 풍경에 잠시 마음의 평화를 얻었다. 고금당을 뒤로하고 남부주차장, 비룡대 갈림길을 지나 13시 20분, 비룡대(나봉암)에 섰다. 비룡대에서 바라본 마이산의 전경은 그야말로 절경이었다. 비룡대를 지나 봉두봉을 향해 걸었다. 봉두봉, 탑사, 관광단지주차장 등 다양한 이정표를 거쳐 540봉을 지나 13시 55분, 봉두봉에 도착했다. 제2 쉼터에서 잠시 휴식을 취하며 숨을 고르게 되었다.

마이산 탑사, 그리고 암마이봉의 짜릿한 도전

봉두봉을 뒤로하고 마이산 돌탑으로 향하다 등산 지도의 방향이 아님을 직감하고 암마이봉 입구 갈림길로 되돌아왔다. 14시 53분, 드디어 탑사에 도착하게 되었다. 수많은 돌 탑들이 오묘하게 쌓여있는 모습은 감탄을 넘어 경이로움 그 자체였다. 탑사에서 남부주차장, 은수사, 천왕문, 암마이봉 가는 길 이정표를 지나 은수사와 천왕문을 거쳤다.

천왕문 150m, 암마이봉, 봉두봉 갈림길 이정표에서 암마이봉으로 향하는 길은 0.45km의 매우 가파른 계단 길이었다. 19분간 숨을 헐떡이며 오르니 15시 32분, 마침내 마이산 암마이봉 정상에 섰다. 정상에서 바라본 수마이봉의 모습은 압도적이었고, 비 예보 속에서 이뤄낸 짜릿한 성취감에 온몸에 전율이 흘렀다.

하산 길의 평화, 그리고 금당사의 풍경
암마이봉 정상을 뒤로하고 조심스럽게 계단을 내려왔다. 천왕문, 은수사를 다시 지나 탑사로 돌아와 포장된 도로를 따라 하산을 이어갔다. 비룡대, 성황당, 마이산 돌탑 등 익숙한 이정표들을 지나 진안고원 청소년 야영장을 거쳐 금당사에 도착했다. 금당사 앞에는 정겨운 포대화상이 나를 반겨주었다. 16시 22분, 마이산 금당사 일주문을 지나 남부주차장에 도착하며 12.2km, 6시간 10분의 산행을 마무리했다.
흐리고 비가 오락가락하는 날씨에도 불구하고, 대장의 훌륭한 리더십과 함께 해주신 다음매일 산악회 회원들 덕분에 안전하고 뜻깊은 산행이었다. 특히 소나기가 오기 전에 산행을 마칠 수 있었던 건 행운이었다.

모악산,
봄바람 타고 오른 영험한 산의 선물

전라북도 김제시, 완주군 소재
해발 793.5m
산행일 2024. 4. 14.

산행코스 : 모악산 관광단지주차장-마고암 갈림길-590봉-신선바위-남봉-모악산 정상-모악정-금산사-금산사 모악랜드 아래 주차장

2024년 4월 14일 일요일, 전북 김제시와 완주군 경계에 솟아있는 모악산을 찾았다. 아침 기온 12도, 낮 기온 26도, 맑고 바람 불어 더없이 좋은 날씨는 산행의 기대감을 한껏 끌어올렸다. 새벽 5시에 일어나 꼼꼼히 산행 준비물을 점검한 뒤, 5시 30분 집을 나섰고 6시 20분 사당역 1번 출구에 도착했다. 27명의 좋은 사람들 산악회 회원들과 함께 7시, 모악산을 향한 여정이 시작되었다.

마중 나온 정원석 국장님과 함께 시작된 산행
버스는 양재, 죽전, 신갈 간이버스정류장에서 산우들을 태우고 경부고속도로를 따라 이동했다. 정안휴게소에서 잠시 쉬어간 뒤, 서전주TG를 나와 9시 45분, 오늘의 들머리인 모악산관광단지 주차장에 도착했다. 9시 50분 산행을 시작하자마자 반가운 얼굴이 나타났다. 전주시자원봉사센터 정원석 국장님이 모악산 축제 현장에 부스를 설치한 완주군자원봉사센터 관리자들과 함께 마중을 나와주신 것이었다. 짧은 인사를 나눈 뒤, 우리는 본격적으로 모악산으로 향했다.

천일암, 마고암 갈림길을 지나 모악산 로타리에서 경사진 계단을 올랐다. 신선길 김씨시조묘 갈림길과 마고암 갈림길을 거쳐 10시 45분, 신선길 590봉에 도착했다. 연달래와 붓꽃이 피어있는 풍경은 지루할 틈 없이 눈을 즐겁게 해주었다.

신선바위를 지나 모악산 정상까지

신선길 590봉을 뒤로하고 능선 길을 따라 걸었다. 모악산 정상, 천일암, 민속한 의원 등 다양한 갈림길 이정표를 지나 1시 7분, 신선바위에 도착했다. 신선바위에서 잠시 숨을 고르며 주변 경치를 감상했다.

신선바위를 뒤로하고 남봉(제3헬기장)을 거쳐 11시 25분, 드디어 오늘의 목적지인 모악산 정상에 도착했다. 정상에는 KBS 송신탑이 있어 다소 아쉬웠지만, 사방으로 탁 트인 조망은 그 모든 것을 상쇄시키고도 남았다. 금산사 방향과 안덕마을, 대원사 방향을 조망하며 잠시 정상의 기운을 만끽하게 되었다.

금산사로의 하산, 그리고 아름다운 봄꽃

정상에서 금산사 방향으로 하산을 시작했다. 급경사의 계단 길과 능선길을 따라 내려오다 시멘트 길로 접어들었다. 모악정과 심원암 갈림길을 지나 모악산 마실

길과 백운동 뽕밭을 거쳐 12시 44분, 천년고찰 금산사에 도착했다. 금산사 경내를 둘러보며 오랜 역사와 불교문화의 향기를 느꼈다.
금산사를 뒤로하고 일주문과 개화문을 거쳐 모악랜드 아래 주차장으로 향했다. 이동하는 동안 만난 겹꽃 등 다양한 봄꽃들은 산행의 마지막을 아름답게 장식해 주었다. 13시 25분, 금산사 모악랜드 아래 주차장에 도착하며 9.6km, 3시간 35분의 모악산 산행을 마무리하게 되었다.

아침부터 맑고 바람 불어 좋은 날씨 속에서 모악산의 푸른 기운을 마음껏 느끼고 온 하루였다. 특히 정원석 국장님과의 우연한 만남은 산행의 또 다른 즐거움이었다.

내변산,
추억 따라 걸었던 초록빛 시간

전라북도 부안군 소재
해발 424m
산행일 2023. 6. 24.

산행코스 : 내변산 탐방지원센터-낙조대-직소폭포-재백이 삼거리-마당바위-변산(관음봉) 정상-세봉-세봉 삼거리-내소사 일주문

2023년 6월 24일 토요일, 한국의 산하 100대 명산 중 48번째 봉우리를 찾아 내변산으로 떠났다. 전북 고창에서의 군 생활 추억, 대학 시절 MT의 아련한 기억까지, 이번 산행은 설렘 가득한 시간이었다. 아내와 함께 추억을 만들 생각에 새벽 5시부터 들떴고, 6시 40분 사당역에서 30여 명의 다음매일 산악회 회원들과 합류해 버스에 몸을 실었다.

직소폭포의 시원한 숨결
정안휴게소에서 김밥으로 배를 채우고, 10시 35분 내변산탐방지원센터에 도착하였다. 10시 40분, 관음봉을 향한 발걸음은 가벼웠다. 자생식물관찰원을 지나 봉래교에 닿으니 10시 54분. 미선나무 다리를 건너 선녀탕을 거쳐 11시 20분, 직소폭포에 도착했다. 둘레길처럼 완만한 길 덕분에 수월하게 올랐고, 시원하게 쏟아지는 폭포수에 잠시 더위를 잊었다.

관음봉에서 마주한 서해의 그림
직소폭포에서 짧은 휴식을 마치고 재백이 삼거리로 향했다. 11시 46분, 재백이 삼거리에 도착하자 이제부터는 본격적인 경사길. 마당바위에서 잠시 쉬어간 뒤, 서서히 고도를 높여 12시 30분, 관음봉 삼거리에 섰다. 관음봉으로 향하는 길은 암봉 사이로 난 계단 길. 한 발 한 발 조심스레 오르다 12시 52분, 마침내 내

변산 관음봉 정상에 섰다. 정상에서 바라본 서해 갯벌과 시원하게 펼쳐진 풍경은 그야말로 장관이었다.

천년고찰 내소사로의 발걸음

내변산 관음봉을 뒤로하고 세봉으로 향했다. 오르락내리락하는 능선 길을 걷다 13시 33분, 세봉 삼거리에 도착. 이제 내소사로의 하산길이 시작되었다. 세봉 삼거리와 관음봉 삼거리 이정표들을 지나 14시 34분, 내소사 일주문에 도착하며 산행을 마무리하게 되었다. 버스 탑승 시간까지 여유가 있어 내소사 경내를 둘러보며 가족의 건강과 큰아들 후배들의 무운장구를 빌었다. 천년고찰 내소사의 대웅전과 범종을 감상하고, 달콤한 연꿀 빵으로 오늘의 여정을 달콤하게 마무리했다.

맑고 바람 부는 날, 내변산의 아름다운 풍경과 직소폭포, 관음봉, 그리고 천년고찰 내소사를 만끽했던 하루였다. 특히 아내와 함께 추억을 만들 수 있는 더욱 의미 있는 산행이었다.

선운산,
여름날의 우여곡절 끝에 만난 평화

전라북도 고창군 소재
해발 336m
산행일 2023. 7. 29.

산행코스 : 선운사 공영주차장-선운사-마이재-선운산(수리봉) 정상-참당암-소리재-낙조대-천마봉-도솔암-선운사-선운사 공영주차장

    2023년 7월 29일 토요일, 장마와 산악회 사정으로 취소와 연기를 반복했던 산행의 아쉬움을 달래고자 선운산으로 향했다. 산행 하루 전 결정된 일정이라 아쉬움도 있었지만, 내변산을 함께했던 아내와의 동행은 발걸음을 가볍게 했다. 새벽 5시 기상, 6시 35분 사당역 10번 출구 도착은 이제 습관이었다. 18명의 다음매일 산악회 회원들과 6시 52분, 선운산을 향한 여정이 시작되었다.

마이재와 수리봉, 눅눅한 숲길의 시작
정안휴게소에서 김밥으로 허기진 배를 채우고 10시 45분, 선운사 공영주차장에 도착했다. 해우소에서 잠시 '근심'을 비우고 10시 50분, 선운산의 품으로 들어섰다. 선운사 일주문을 지나 11시 30분 마이재에 도착, 짧은 휴식 후 11시 50분 선운산 수리봉에 올랐다. 산우들과 간식을 나누며 잠시 숨을 돌렸다.

참당암, 낙조대, 그리고 천마봉의 경치
선운산 수리봉을 뒤로하고 참당암 방향으로 이동했다. 여러 갈림길을 지나 12시 18분, 참당암에 닿았다. 아내는 임도를 따라 선운사로 향하고, 나는 질퍽한 길을 뚫고 산우들과 소리재로 향했다. 힘겹게 계단을 오르니 12시 55분, 낙조대와 (구)천마봉이 눈앞에 펼쳐졌다. 이윽고 13시 5분, 천마봉 정상에 서서 주위를 둘러보고 하산을 시작했다. 급경사의 철제 계단은 한 발 한 발 신중하게 딛

게 했다. 도솔암과 마애불상 갈림길을 지나 13시 27분, 선운산(진흥굴)에 도착하게 되었다.

천년고찰 선운사, 그리고 아쉬운 해바라기

진흥굴을 뒤로하고 계곡을 따라 걸어 참당암 이정표와 선운사 템플스테이를 지나 내원암 표지석을 경유하여 선운사에 잠시 들러 가족의 안녕을 빌었다. 일주문을 거쳐 14시 30분, 선운사 공영주차장에 도착하며 10.3km, 3시간 40분의 산행을 마무리하게 되었다.

안전한 산행을 이끌어주신 대장님과 함께해 주신 다음매일 산악회 회원들께 감사드린다. 산행 후 15시 20분, 고창군 청보리밭의 해바라기를 보러 갔지만, 드문드문 핀 해바라기와 무성한 잡초만이 우리를 반겼다. 10분간의 아쉬움을 뒤로한 채 서울로 향했다. 산행의 만족감 만큼이나 해바라기의 아쉬움이 남았던 하루였다.

지리산 바래봉
겨울 설경 속으로 떠난 힐링 산행

전라북도 남원시 소재
해발 1,165m
산행일 2024. 1. 6.

산행코스 : 전북학생교육원-세동치-세걸산-세동치-부운치-팔랑치-바래봉 삼거리- 지리산바래봉 정상-바래봉 삼거리- 용산리 주차장

2024년 1월 6일 토요일, 이른 새벽부터 지리산 바래봉을 향한 설렘을 안고 사당역 10번 출구에 섰다. 본래 계획했던 산행이 무산되어 아쉬웠지만, 새로운 산에 대한 기대감이 그 아쉬움을 금세 채웠다. 밤새 달려 도착한 전북학생교육원 주차장은 맑은 날씨와 영하의 기온이 어우러져 겨울 산행의 묘미를 더했다.

오전 10시 50분, 드디어 산행을 시작했다. 세동치에서 잠시 고민에 빠졌다. 바래봉만 오를까, 아니면 이왕 온 김에 세걸산까지 들러볼까? 결국 '왔으니 가보자!'는 마음에 능선 길을 따라 세걸산 정상에 올랐다. 12시 12분, 세걸산 정상에서 바라본 겨울 지리산의 풍경은 마치 한 폭의 그림 같았다. 하얗게 눈 덮인 능선과 맑은 하늘이 어우러져 비현실적인 아름다움을 선사했다.

세걸산을 뒤로하고 부운치를 지나 팔랑치로 향했다. 곳곳에 남아있는 눈길은 조심스러웠지만, 덕분에 겨울 산행의 운치를 제대로 즐길 수 있었다. 특히 팔랑치로 이어지는 데크 길에서는 발밑으로 펼쳐지는 설경이 감탄을 자아냈다. 간식으로 허기를 달래며 잠시 휴식을 취한 후, 드디어 바래봉 삼거리를 지나 지리산 바래봉 정상을 향했다.

오후 2시 31분, 마침내 지리산 바래봉 정상에 발을 디뎠다. 4시간 55분간, 약

12.4km의 산행 끝에 만난 바래봉은 온통 설경으로 뒤덮여 있었고, 그 웅장함은 감동 그 자체였다. 지리산의 겨울 풍경을 온전히 담으며 잠시 정상에서의 시간을 만끽했다.

정상에서의 여운을 뒤로하고 하산을 시작했다. 용산리 주차장으로 향하는 길은 안전 쉼터들이 곳곳에 있어 편안한 하산을 도왔다. 오후 3시 45분, 무사히 주차장에 도착하며 오늘의 산행을 마무리하게 되었다.

이번 지리산 바래봉 산행은 계획했던 곳은 아니었지만, 기대 이상의 아름다운 설경과 맑은 날씨 덕분에 잊지 못할 겨울 산행으로 오래오래 기억될 것 같다.

장안산,
눈과 비가 어우러진 겨울 동화

전라북도 장수군 소재
해발 1,237m
산행일 2024. 1. 20.

산행코스 : 무룡고개-괴목고개-전망대-장안산 정상-중봉-하봉-덕천고개-906봉-범연동 주차장

    2024년 1월 20일 토요일, 비, 눈, 진눈깨비가 한데 섞인 궂은 날씨 속에서도 장안산을 향한 발걸음은 멈추지 않았다. 겨울 산행의 묘미를 제대로 느껴보고 싶었다. 새벽 5시 30분, 집을 나서 6시 30분 사당역 10번 출구에 도착했다. 26명의 다음매일 산악회 회원들과 6시 50분, 우리는 장안산을 향한 여정에 올랐다.

시작부터 드라마, 눈길 위의 동행
버스는 경부고속도로를 달리다 대전통영고속도로로 접어들자 비가 내리기 시작했다. 금산인삼랜드휴게소에서 잠시 쉬어간 뒤, 무룡고개로 향하던 중 예상치 못한 상황이 발생했다. 도로 위 눈 때문에 버스가 미끄러져 방벽에 부딪힌 것이다. 결국 우리는 무룡고개까지 약 800m를 눈 덮인 아스팔트 길을 걸어야 했다. 발밑에서 뽀드득거리는 눈 소리는 겨울 산행의 서막을 알리는 듯했다. 10시 30분, 무룡고개에서 산행 준비를 마치고 드디어 장안산의 품으로 들어섰다.

억새밭의 은빛 물결, 정상의 설경
무룡고개를 뒤로하고 장안산 2.7km 이정표를 지나 괴목고개를 경유했다. 이윽고 나타난 억새밭은 세찬 바람과 눈 속에서 은빛 물결을 이루고 있었다. 억새밭 제1, 제2 전망대를 지나 11시 45분, 마침내 장안산 정상에 도착하게 되었다. 눈 내린 장안산의 풍경은 마치 계방산 설경에 버금가는 절경이었다. 정상에 우뚝 선 이정표들은 우리가 걸어온 길을 묵묵히 보여주었다.

진눈깨비 속 하산, 그리고 처마 밑 제비들

장안산을 뒤로하고 범연동 방향 능선 길을 따라 하산을 시작했다. 중봉과 하봉을 지나 덕천고개로 향하는 길, 비와 눈이 섞인 진눈깨비가 내리기 시작했다. 13시 03분, 덕천고개에 도착한 우리는 잠시 숨을 고르게 되었다. 이정표들이 안내하는 대로 범연동 주차장으로 향하는 급경사 지역을 내려오니 14시, 오늘의 날머리인 범연동 주차장에 도착하게 되었다.

이른 하산 덕분에 버스 탑승 시간까지 여유가 있었다. 비를 피해 덕산계곡의 '청산별곡' 앞 버스정류장에 모인 산우들은 마치 어미 제비를 기다리는 새끼 제비들 같았다. 그렇게 기다림 끝에 버스에 오르며 8.7km, 3시간 30분의 장안산 산행을 마무리하게 되었다.

예기치 않은 버스 사고, 그리고 눈, 비, 진눈깨비까지. 다채로운 날씨를 온몸으로 느끼며 장안산의 겨울 풍경을 제대로 만끽했던 하루였다. 궂은 날씨에도 불구하고 안전한 산행을 이끌어 주신 대장과 함께 해주신 다음매일 산악회 회원들께 깊이 감사드린다. 다음 산행은 또 어떤 이야기로 가득할까?

Ⅷ. 광주·전남권

234 달마산, 헤매임 속에서 피어난 풍경의 선물
237 삼산 종주: 두려움을 넘어선 쾌감, 덕룡-주작-두륜의 춤
240 무등산: 걱정은 녹고 추억은 쌓인 5시간
243 백운산에서 매화마을까지: 고드름과 매화꽃 사이, 18km의 겨울 낭만
246 월출산: 굴곡진 여정 속 피어난 암릉의 매력
249 조계산: 산길에서 맛본 보리밥, 그리고 두 사찰의 속삭임
252 천관산: 기암괴석의 향연, 그리고 1박 2일의 흔적
255 추월산: 암벽 너머 담양호가, 그리고 계단 끝에 보리암이
258 팔영산: 여덟 봉우리를 넘나들며, 인생의 희로애락을 걷다

달마산,
헤매임 속에서 피어난 풍경의 선물

전라남도 해남군 소재
해발 489m
산행일 2023. 9. 22.

산행코스 : 송촌마을버스정류장-송촌저수지-관음봉-달마산 정상-문바위-도솔암-도솔봉-마봉리 주차장

    2023년 9월, 맑고 청량한 가을바람이 불던 그날 밤, 나는 설렘과 미지의 기대감을 안고 달마산으로 향했다. 무박 산행은 오랜만이라 감회가 남달랐지만, 시작부터 만만치 않았다. 길 찾기 미션은 마치 보물찾기 게임의 첫 관문 같았다. 이정표와 전봇대를 벗 삼아 헤매는 한 시간은 분명 '험난한 산행이 될 것'이라는 예고편이었으리라.

어둠 속에서 길을 찾아 헤매는 동안, 나는 자연스럽게 '길치'라는 별명을 떠올렸다. 익숙한 서울 도심에서도 곧잘 길을 잃곤 하는데, 낯선 산속에서 길을 헤매는 건 어쩌면 당연한 일. 하지만 포기하지 않고 끈질기게 길을 찾아 나선 끝에 마침내 관음봉 들머리에 도착했을 때의 그 안도감이란! 마치 미로를 탈출한 듯한 짜릿함이 피로감을 잠시 잊게 했다.

    새벽 공기를 가르며 오르던 길, 너덜지대와 로프 구간은 산행의 묘미를 더했다. 그리고 마침내 달마산 정상에 발을 디뎠을 때, 동이 터오는 장엄한 일출은 모든 고생을 보상하고도 남을 풍경이었다. 붉게 물드는 하늘과 발아래 펼쳐진 능선은 마치 신선들의 놀이터 같았고, 그 위에서 맞이하는 아침은 분명 신의 한 수였다. 카메라 셔터는 연신 터졌지만, 이 황홀경은 눈으로 마음에 담아야만 온전히 간직할 수 있을 것만 같았다.

    정상에서 짧은 휴식 후 문바위를 향해 발걸음을 옮겼다. 기묘한 형상의 문바위는

자연이 빚어낸 예술 작품 같았고, 그 옆을 지나며 마치 다른 세계로 통하는 문을 통과하는 기분마저 들었다. 직은금샘 삼거리와 대밭 삼거리를 지나며 다른 코스로 산행을 시작했던 반가운 얼굴들을 만났을 때, 피곤함도 잠시 잊고 서로의 안부를 물으며 웃음꽃을 피웠다. 산행은 홀로 떠나는 고독한 여정이기도 하지만, 함께하는 이들과의 유대감 속에서 더욱 빛을 발한다는 것을 다시 한번 깨달았다.

떡봉에 오르자 시원한 바람이 땀을 식혀주었고, 마지막 목적지인 도솔암으로 향하는 길은 더욱 발걸음을 가볍게 했다. 고즈넉한 도솔암의 풍경은 마음의 평화를 선물했고, 도솔봉에 다다랐을 때는 마치 정상에 다시 오른 듯한 뿌듯함이 밀려왔다. 하산길은 개척되지 않은 듯한 희미한 길이었지만, 그마저도 달마산이 주는 마지막 선물처럼 느껴졌다.

총 13.2km의 산행, 6시간 55분간의 여정은 단순히 걷는 것을 넘어 길을 찾고, 풍경에 감탄하며, 사람들과 정을 나누는 과정이었다. 길을 헤매는 순간들은 당혹스러웠지만, 덕분에 더 많은 풍경을 마주하고 더 깊이 달마산을 느낄 수 있었다. 대장의 노련한 리더십과 다음매일 산악회 회원님들의 따뜻한 동행 덕분에 무사히 산행을 마칠 수 있었다. 다음 산행에서 또 어떤 길을 헤매고 어떤 풍경에 감탄하게 될지, 벌써 다음 만남이 기다려진다. 달마산, 너는 내게 길 찾기의 미학을 알려준 산이었다!

삼산 종주: 두려움을 넘어선 쾌감, 덕룡-주작-두륜의 춤

전라남도 강진군, 해남군 소재
덕룡산 해발 452.9m
주작산 해발 475m
두륜산 해발 630m
산행일 2023. 11. 25.

산행코스 : 소석문-덕룡산 정상-주작산 정상-작천소령-오소재-오심재-가련봉 정상-만일재-두륜산 정상-만일재-대흥사-대흥사 일주문

    2023년 11월, 차가운 새벽 공기를 가르며 전남 강진 땅을 밟았다. 한국의 산하 100대 명산 중 72번째, 무려 20km가 넘는 종주 산행. 작년 달마산의 '길 찾기 미션' 실패의 쓰라린 기억, 그리고 선배 산악인의 좌절 담까지, 시작 전부터 두려움이 엄습했지만, 이번엔 달랐다. 유연근무로 일찍 퇴근해 꼼꼼히 장비를 점검하고 지도를 보며 머릿속으로 수십 번 시뮬레이션을 돌렸다. 철저한 준비는 반 이상의 성공이라는 말을 믿으며, 나는 덕룡산의 어둠 속으로 발을 들였다.

어둠 속의 덕룡, 여명 속의 주작
새벽 3시 50분, 소석문을 출발해 헤드랜턴에 의지한 채 덕룡산 동봉으로 향했다. '길 없음' 이정표가 왠지 모르게 불안감을 자극했지만, 이내 익숙한 길 찾기 본능이 발동했다. 길을 잘못 들어 동봉으로 되돌아가는 해프닝도 있었지만, 이내 올바른 길을 찾아 서봉에 도착했다. 동이 트기 시작하며 동쪽 하늘이 붉게 물들자, 피로도 잊고 카메라 셔터를 눌러댔다. 그렇게 맞이한 덕룡산의 일출은, 어둠 속에서 헤맨 시간을 보상하고도 남을 만큼 황홀했다.
이어진 주작산 구간은 본격적인 암릉의 향연이었다. 로프와 암벽등반이 끊임없이 이어지는 구간은 마치 게임 속 미션을 수행하는 듯했다. 이곳에서 발걸음을 멈추고 주위를 둘러보니, 눈앞에 펼쳐진 공룡능선의 위용에 절로 감탄사가 터져 나왔다. 수많은 산악인들이 다녀간 흔적인 수양리재의 개인택시 홍보 스티커

들은 이 산이 얼마나 많은 이들에게 도전과 성취의 장이 되어왔는지 짐작게 했다. 비상탈출로 이정표가 주는 섬뜩함도 잠시, 나는 이 아찔한 암릉 구간을 기꺼이 즐겼다.

두륜의 품에 안기다
오랜 암릉 구간을 지나 오소재에 도착하자, 비로소 정비된 등산로가 나타났다. 마치 격렬한 전투를 마치고 평화로운 정원에 들어선 듯한 느낌이랄까. 허기진 배를 스프로 채우고 부족한 식수를 보충하며 잠시 휴식을 취했다. 두륜산으로 향하는 길은 한결 부드러웠다. 오심재를 지나 노승봉, 그리고 가련봉에 차례로 발을 디딜 때마다, 저 멀리 보이는 대흥사의 고즈넉한 풍경이 마음을 평온하게 했다. 만일재에 배낭을 두고 가볍게 오른 두륜봉 정상은, 길고 길었던 산행의 정점을 찍는 순간이었다. 발아래 펼쳐진 풍경은 그야말로 장관이었다. 다시 만일재로

돌아와 대흥사로 하산하는 길은 잘 정비된 아스팔트 길로, 마치 영광스러운 퍼레이드를 즐기는 기분이었다. 가을 단풍으로 물든 대흥사의 풍경은 고즈넉하고 아름다웠으며, 그 안에서 오랜 시간의 피로를 씻어내었다.

완주의 쾌감, 그리고 다음 산행을 기약하며
덕룡산-주작산-두륜산으로 이어진 약 20.19km, 11시간 22분의 대장정은 단순히 산을 오르고 내리는 것을 넘어선 경험이었다. 두려움을 극복하고, 어둠 속에서 길을 찾고, 아찔한 암릉을 오르며 한계를 시험했다. 그리고 그 모든 순간을 통해 자연의 위대함과 함께 걷는 이들의 소중함을 다시 한 번 느꼈다.
2023년 11월의 덕룡-주작-두륜 종주는 내게 잊지 못할 추억과 강렬한 성취감을 안겨주었다. 다음 산행에서는 또 어떤 놀라운 경험이 기다리고 있을까? 기대해 본다.

무등산:
걱정은 녹고 추억은 쌓인 5시간

광주시 동구, 북구/ 전라남도 담양군, 화순군 소재
해발 1,100m
산행일 2023. 2. 25.

산행코스 : 증심탐방지원센터-중머리재-장불재-입석대-무등산(서석대) 정상-제철유적-원효봉소

2023년 2월의 어느 맑은 토요일, 무등산에 오르기 전 내 마음속엔 자그마한 먹구름이 끼어 있었다. "혹시 나 때문에 산우들에게 민폐가 되진 않을까?" 한 달 전 선자령 산행을 놓친 아쉬움, 그리고 43명이라는 대규모 인원, 밤늦게까지 지도를 보며 코스를 머릿속에 새겼지만, 불안감은 쉬이 가시지 않았다. 하지만 산행은, 늘 그랬듯, 걱정을 기우로 만들고 새로운 추억을 선사했다.

정체 속의 출발, 설렘 속의 등반
새벽 5시 20분, 알람 소리에 맞춰 몸을 일으켰다. 꼼꼼히 챙긴 배낭을 메고 사당역으로 향하는 길은 왠지 모르게 비장하기까지 했다. 7시, 버스는 만원이었고, 우리는 광주를 향해 달렸다. 정안휴게소의 짭짤한 알밤빵도 좋았지만, 고속도로 곳곳의 정체는 인내심 테스트의 시작이었다. "이러다 해 지겠네!" 농담 섞인 푸념들이 오갔지만, 그 속에서도 산행에 대한 기대감은 식지 않았다.

마침내 증심주차장에 도착했을 때, 11시 15분. 드디어 발을 내디딜 차례였다. 국립공원 무등산 표지석 앞에서 단체 사진을 찍고, 드디어 산행 시작! 증심교에서 중머리재를 향해 오르는 길은 평화로웠다. 부모님 손을 잡고 오르는 아이들의 재잘거림, 맑은 공기, 그리고 저 멀리 보이는 산들의 능선이 한데 어우러져 마음을 편안하게 했다. "아, 이 맛에 산에 오르지!" 하는 생각이 절로 들었다.

기암괴석의 향연, 그리고 정상의 약속

중머리재에 도착해 점심을 먹고 잠시 휴식을 취했다. 꿀맛 같은 김밥과 시원한 바람은 몸의 피로를 싹 가시게 했다. 여기서 바라본 장불재의 풍경은 마치 그림 같았다. 다시 발걸음을 옮겨 장불재에 도착하니, 무등산의 진면목이 드러나기 시작했다. 눈앞에 펼쳐진 입석대와 무등산 서석대의 웅장한 기암괴석은 자연의 신비로움을 온몸으로 느끼게 했다. 특히 입석대에서 바라본 백마능선은 그야말로 장관이었다.

서석대는 아쉽게도 군사시설 때문에 제자리를 비켜서 있었지만, 올해 9월이면 본래의 자리로 돌아간다는 이야기에 괜스레 마음이 설레었다. "다음에 오면 제대로 된 서석대를 볼 수 있겠네!" 아쉬움 반, 기대감 반으로 서석대 주변을 둘러보고 하산을 시작했다.

따뜻한 동행, 완주의 기쁨

하산길은 옛길물통거리, 제철유적을 지나 원효분소로 이어졌다. 정비가 잘 된 길 덕분에 발걸음은 한결 가벼웠다. 산행 내내 길을 리딩하며 안전을 책임져 주신 세분의 대장들께 진심으로 감사드린다. 그리고 무엇보다, 43명이라는 대규모 인원이 아무런 낙오 없이 함께 완주할 수 있었던 것은 두 총무의 든든한 간식 덕분이었다. 중간 중간 건네받은 간식은 단순한 먹거리가 아니라, 지친 몸에 에너지를 불어넣는 마법 같은 존재였다.

비록 눈 덮인 무등산의 설경을 만끽하지는 못했지만, 맑은 날씨 아래 조은산악회 산우들과 함께한 시간은 그 어떤 설경보다도 아름답고 즐거운 추억으로 남았다. 걱정으로 시작했지만, 결국 기쁨으로 마무리된 무등산 산행. 다음 산행에서 다시 만날 그 날을 손꼽아 기다려본다. 혹시 그때는 설경이 펼쳐질까?

백운산에서 매화마을까지: 고드름과 매화꽃 사이, 18km의 겨울 낭만

전라남도 광양시 소재
해발 1,222m
산행일 2024. 3. 9.

산행코스 : 진틀마을-백운산 정상-매봉 정상-갈미봉 정상-쫓비산 정상-매화마을-매화마을 주차장

　　2024년 3월의 어느 금요일 밤, 나는 다시 한번 산행 버스에 몸을 실었다. 집안일로 취소했던 산행이라 그런지, 백운산을 향하는 발걸음엔 남다른 감회가 서렸다. 사당역 1번 출구에서 29명의 '좋은사람들'과 함께 출발한 버스는 고속도로를 달려 새벽 4시, 광양시 진틀마을에 우리를 내려놓았다. 아직 어둠이 짙게 깔린 시간, 18.2km, 7시간의 대장정이 시작되었다.

어둠을 뚫고 오른 백운산, 얼음꽃의 유혹

진틀마을을 출발해 백운산 정상으로 향하는 길은 제법 가팔랐다. 특히, 진틀 삼거리를 지나면서부터 시작된 끝없는 계단은 마치 대청봉을 오르는 듯한 기시감을 안겨주며 정신줄을 놓게 만들었다. 그렇게 한 걸음 한 걸음 오르다 보니 어느새 새벽 5시 45분, 백운산 정상에 도착하게 되었다. 어둠 속에서 바라본 광양시의 불빛은 마치 밤하늘의 은하수처럼 반짝였다.

정상에서 내려오는 길, 추운 날씨 덕분에 바위에 맺힌 고드름은 영락없이 나이든 어르신의 수염 같았다. 그 신비로운 풍경에 잠시 추위도 잊고 감탄했다. 매봉으로 향하는 능선길은 눈이 녹아 빙판길로 변해 있었지만, 넘어지지 않기 위해 안간힘을 쓰며 걷는 그 시간마저도 묘한 즐거움을 주었다. 이윽고 매봉에 도착했을 때, 동쪽 하늘을 붉게 물들이며 떠오르는 해돋이는 그야말로 장관이었다. 매서운 바람 속에서도 피어나는 장엄한 풍경에, 다시 한 번 자연의 위대함을 느꼈다.

섬진강을 품은 능선, 매화꽃의 향연

매봉을 뒤로하고 쫓비산을 향해 나아갔다. 끊임없이 이어지는 오르막과 내리막 길, 때로는 희미한 등산로였지만, 묵묵히 발걸음을 옮겼다. 게밭골을 지나 깔딱 고개를 힘겹게 오르자, 마침내 갈미봉이 우리를 반겼다. 갈미봉에서 바라본 섬진강의 고요한 물결은 그야말로 한 폭의 그림 같았다. 힘든 산행 속에서 만나는 아름다운 풍경은 언제나 큰 위로가 된다.

드디어 쫓비산 정상에 올랐다. 매화꽃으로 가득할 광양 매화마을이 한눈에 들어왔다. 정상에서 잠시 숨을 고른 후, 우리의 마지막 목적지인 광양 매화마을로 하산했다. 청매실농원을 지나 매화마을 입구에 도착했을 때, 시간은 어느덧 오전 11시 5분을 가리키고 있었다. 18km가 넘는 긴 산행이었지만, 매화꽃이 가득한 마을은 모든 피로를 잊게 할 만큼 아름다웠다.

안전한 동행, 완주의 기쁨

이번 백운산-매봉-쫓비산 종주 산행은 도전과 성취의 연속이었다. 추운 날씨와 미끄러운 길, 그리고 끊임없이 이어지는 오르막과 내리막길은 결코 쉽지 않았지만, 함께하는 좋은사람들 회원들이 있었기에 무사히 완주할 수 있었다. 특히, 안전한 산행을 위해 능숙하게 리딩해 주신 대장께 깊은 감사를 드린다.

고드름처럼 차가운 겨울의 끝자락에서, 우리는 매화꽃처럼 따뜻한 봄을 미리 만끽할 수 있었다. 혹시 다음에 백운산을 찾는다면, 그때는 만개한 매화꽃 속에서 섬진강의 봄을 만끽할 수 있기를!

월출산: 굴곡진 여정 속 피어난 암릉의 매력

전라남도 영암군 소재
해발 809m
산행일 2022. 10. 22.

산행코스 : 도갑사-구정봉-월출산(천왕봉) 정상-통천문-고인돌 바위-산성대 입구

 2022년 10월, 잊지 못할 월출산 산행에 나섰다. 2015년 자원봉사대상 현지실사 당시 영암 주무관님의 자랑 섞인 설명을 들으며 언젠가 꼭 오르리라 다짐했던 그 산, 한국의 산하 100대 명산 중 하나인 월출산을 드디어 만나게 된 것이다. 설렘 가득한 마음으로 조은산악회 산우들과 함께 버스에 올랐다.

시작부터 삐걱, 운전 기사님의 '곡예 운전'
 금요일 밤, 사당역 10번 출구에 도착했지만 버스는 정시보다 늦게 도착했다. 늦은 출발은 괜찮았다. 문제는 그 이후였다. 버스가 영암으로 향하는 내내 좌우로 심하게 흔들리고 다른 차량들의 경적이 잇따르는 등, 승무원의 졸음운전이 의심되는 아찔한 상황이 계속되었다. 심지어 목적지 도착하기 직전에는 버스가 어디엔가 심하게 부딪히는 끔찍한 소리까지! 승객의 안전을 최우선해야 할 승무원의 무모함과 조금 더 안전하고 편안한 이동을 위한 산악회의 배려가 아쉬웠던 순간이었다.

 우려 속에서도 새벽 5시 5분, 다행히 도갑사 주차장에 도착했다. 원래 계획했던 산성대 입구가 이른 시간이라 입장이 불가하다는 대장의 설명과 함께 모두 산행 준비를 마쳤다. 빗방울이 하나 둘 떨어지는 궂은 날씨였지만, 도갑사 일주문을 지나 억새밭으로 향하는 발걸음은 설렘으로 가득했다. 억새밭 오르막길은 대청봉을 연상시키는 듯 가팔랐지만, 덕분에 오랜만에 산행의 묘미를 제대로 느

낄 수 있었다.

월출의 암릉, 압도적인 풍경

억새밭에서 아침 식사를 마치고, 드디어 월출산의 핵심인 암릉 구간이 시작되었다. 구정봉으로 향하는 길은 험난했지만, 중간중간 드러나는 기암괴석의 향연은 감탄사를 자아내기에 충분했다. 특히 구정봉의 큰 바위 얼굴은 자연이 빚어낸 예술 작품 같았다. 바람재 삼거리를 지나 끊임 없이 이어지는 계단들을 오르락내리락하며 드디어 오전 10시 29분, 오늘의 최종 목적지인 월출산 천황봉 정상에 발을 디뎠다.

정상에서 바라본 월출산의 풍경은 그야말로 압도적이었다. 기암괴석이 빚어내는 웅장함과 그 아래로 펼쳐진 영암의 전경은 모든 피로를 잊게 할 만큼 아름다웠다. 기념 촬영을 마치고 통천문을 지나 하산을 시작했다. 광암터삼거리와 고

인돌 바위를 지나 산성대 탐방로 입구로 내려오는 길은 정상에서의 만큼은 아니지만 여전히 험난했다. 하지만 깎아지른 듯한 암벽과 독특한 바위들이 어우러진 풍경은 월출산만의 매력을 한껏 뽐냈다.

아쉬움 속의 완주, 다음을 기약하며
총 9.7km, 7시간 35분에 걸친 월출산 산행은 아찔했던 버스 이동부터 험난한 암릉 구간까지, 시작부터 끝까지 예측 불가능한 여정이었다. 하지만 궂은 날씨에도 불구하고 안전하게 산행을 이끌어주신 대장, 리더 그리고 끈끈한 동료애를 보여준 조은산악회 회원님들 덕분에 무사히 산행을 마칠 수 있었다.
비록 아쉬운 점도 있었지만, 월출산의 기암괴석이 주는 비범한 아름다움은 오랫동안 기억에 남을 것 같다. 월출산, 너는 내게 산행의 스릴과 자연의 경이로움을 동시에 안겨준 산이었다!

조계산: 산길에서 맛본 보리밥, 그리고 두 사찰의 속삭임

전라남도 순천시 소재
해발 887m
산행일 2024. 3. 1.

산행코스 : 선암사 주차장-선암사-대각암-조계산(장군봉) 정상—배 바위-작은굴목재-원조보리밥 집-송광굴목재-송광대피소-송광사-송광사 주차장

    2024년 3월 1일, 아침 일찍 순천으로 향하는 버스에 몸을 실었다. 전남 순천의 수려한 산, 조계산. 33관음 성지가 있는 송광사를 품고 있다는 설명에 기대감이 한껏 부풀었다. 사당역에서 '좋은사람들' 회원 25명과 함께 출발한 산행은 연휴의 정체와 함께 시작되었다.

정체는 길고, 선암사는 짧았다

새벽 7시, 활기찬 출발과는 달리 고속도로는 예상대로 거북이걸음이었다. 정안 휴게소에 겨우 도착해 짧은 휴식을 취했지만, 다시 이어진 정체는 인내심의 한계를 시험했다. 예정보다 무려 1시간 이상 지체된 12시 43분, 마침내 선암사 주차장에 도착하게 되었다. 지체된 시간만큼이나 마음이 조급해졌지만, 우리는 서둘러 산행 준비를 마치고 첫걸음을 내디뎠다.

승선교를 건너 태고총림 조계산 선암사 경내로 들어섰을 때, 고즈넉한 사찰의 풍경은 그간의 피로를 잠시 잊게 했다. 늦은 시간 탓에 여유롭게 둘러보지 못하는 아쉬움은 컸지만, 잠시 엿본 선암사의 아름다움은 다음을 기약하기에 충분했다. 대각암과 향로암터를 지나 조계산 장군봉으로 향하는 길은 제법 가팔랐다. 이정표 하나가 나무에 매달려 위태로워 보였지만, 그마저도 자연 속의 작은 재치처럼 느껴졌다. 14시 32분, 마침내 장군봉 정상에 섰을 때, 탁 트인 풍경은 가

숨을 뻥 뚫어주는 듯했다.

보리밥 한 그릇의 행복, 송광사로 향하는 길
조계산 장군봉을 뒤로하고 작은굴 목재 방향으로 하산을 시작했다. 배 바위를 지나 작은굴목재에 다다랐을 때, 저 멀리 보이는 조계산 보리밥 원조집 간판에 눈이 번쩍 뜨였다. 예정보다 늦은 산행에 지쳐있던 우리에게 보리밥집은 그야말로 오아시스 같은 존재였다. 늦은 귀가를 대비해 보리밥 한 그릇을 시켜 먹으니, 고소하고 투박한 맛이 옛 추억을 소환하며 잃었던 에너지를 채워주었다. 산행 중 맛보는 보리밥은 그 어떤 산해진미보다 꿀맛이었다.
배불리 먹고 다시 발걸음을 옮겼다. 배도사 대피소와 송광굴목재를 지나 송광대피소에 도착했을 때, 해는 서서히 기울고 있었다. 마지막 힘을 내어 송광사로 향하는 길. 청량각을 지나 마침내 송광사 주차장에 도착했을 때, 시간은 17시 15

분을 가리키고 있었다. 총 11.5km, 4시간 30분의 산행은 예상보다 짧았지만, 정체와 식사 시간까지 합치면 10시간이 넘는 긴 여정이었다.

조계산의 매력, 그리고 다음을 기약하며
이번 조계산 산행은 여러모로 기억에 남을 것 같다. 연휴의 극심한 정체 속에서도 묵묵히 버텨준 우리 산우들, 그리고 험한 산길을 안전하게 이끌어준 대장께 진심으로 감사드린다. 비록 시간에 쫓겨 선암사와 송광사를 여유롭게 둘러보지 못한 아쉬움이 남지만, 조계산의 수려한 풍경과 그 속에서 맛본 따뜻한 보리밥 한 그릇은 잊지 못할 추억으로 자리 잡았다.

조계산은 내게 단순한 등반 이상의 경험을 선사했다. 늦은 출발과 빡빡한 일정 속에서도 여유를 잃지 않고 산행을 즐기는 법, 그리고 맛있는 한 끼가 주는 소박한 행복을 다시 한 번 깨닫게 한 산이었다.

천관산: 기암괴석의 향연, 그리고 1박 2일의 흔적

전라남도 장흥군 소재
해발 723.1m
산행일 2024. 3. 23

산행코스 : 천관산도립공원 주차장-장천재-금강굴-천주봉-환희대-천관산(연대봉)정상-정원암-장안사-천관산도립공원 주차장

2024년 3월 23일, 전남 장흥의 숨겨진 보석, 천관산을 향해 발걸음을 옮겼다. 한 번도 가보지 못한 산이라 호기심과 설렘이 교차하는 새벽이었다. 사당역에서 '좋은사람들' 회원 25명과 함께 버스에 몸을 실으니, 흐린 날씨에도 불구하고 산행의 기대감은 점점 커져갔다.

기암괴석의 미로, 천주봉을 향하여

오전 11시 25분, 마침내 천관산도립공원 주차장에 도착했다. 간단히 산행 준비를 마치고 11시 50분, 우리는 7.6km, 3시간 30분의 여정을 시작했다. 아스팔트 길을 따라 걷다 만난 천관산 등산로 안내판은 기암괴석으로 가득한 천관산의 매력을 한눈에 보여주는 듯했다.

금강굴을 지나 오르는 길은 흡사 미로 같았다. 웅장한 바위들이 줄지어 서 있는 모습은 자연이 빚어낸 거대한 조각품 같았다. 석선봉과 대세봉을 지나 당번·천주봉에 도착했을 때, 눈 앞에 펼쳐진 풍경에 절로 감탄사가 터져 나왔다. 흐린 날씨였지만, 봉우리마다 솟아오른 기암괴석들은 그 자체로 압도적인 존재감을 뽐냈다. 중간 중간 발견한 얼레지 꽃은 차가운 바위 사이에서 피어난 생명의 아름다움을 느끼게 했다.

환희대에서 만난 억새, 그리고 '이승기 길'

오후 1시 30분, 드디어 환희대에 도착했다. 이곳에서 바라본 전경은 그야말로 '환희' 그 자체였다. 가슴이 탁 트이는 시원함과 함께, 억새군락지가 넓게 펼쳐져 장관을 이루고 있었다. 천관산 연대봉 정상으로 향하는 능선길은 억새와 기암괴석이 어우러져 한 폭의 동양화 같은 풍경을 선사했다. 1시 55분, 마침내 천관산 정상에 올랐을 때, 봉수대와 함께 어우러진 풍경은 잊지 못할 장관이었다.

정상에서 하산하는 길, 정원암과 양근암을 지나는 동안 재미있는 이정표들을 발견했다. '이승기 길', '강호동, 이수근 길'이라는 표지판을 보니, 과거 인기 예능 프로그램 '1박 2일'의 흔적을 엿볼 수 있었다. 2011년 11월 21일, 이곳 천관산에서 촬영했다는 안내판을 보니, 마치 그들이 걸었던 길을 따라 걷는 듯한 기분이 들었다. 진달래꽃이 피어나는 등산로는 봄기운을 물씬 느끼게 했다.

무사히 마친 여정, 다음을 기약하며

오후 3시 20분, 무사히 천관산도립공원 주차장으로 돌아왔다. 총 7.6km, 3시

간 30분이라는 비교적 짧은 산행이었지만, 천관산의 독특한 기암괴석과 아름다운 풍경은 그 이상의 감동을 선사했다. 흐린 날씨에도 불구하고 안전하게 산행을 이끌어주신 대장과 함께 즐거운 시간을 보낸 '좋은사람들' 회원들에게 진심으로 감사드린다.

천관산은 내게 새로운 산행의 즐거움을 안겨주었다. 자연의 신비로움과 함께 예능 프로그램의 흔적까지 엿볼 수 있었던 특별한 경험이었다. 다음 산행에서는 또 어떤 이야기가 우리를 기다리고 있을까?

추월산: 암벽 너머 담양호가, 그리고 계단 끝에 보리암이

전라북도 순창군/전라남도 담양군 소재
해발 731m
산행일 : 2024. 4. 6.

산행코스 : 가인연수원(대법원연수원)-삼적산-무능기재-복리암 정상-수리봉-추월산 정상-보리암 정상-보리암-추월산 관광단지 주차장

　　2024년 4월 6일 토요일, 전남 담양의 추월산을 향해 이른 아침부터 발걸음을 재촉했다. 한번도 가보지 못한 산이라 잔뜩 부푼 기대감과 함께, 좋은사람들 회원 27명과 버스에 올랐다. 흐린 날씨였지만 바람이 적당히 불어 산행하기에는 더없이 좋은 날이었다.

거친 암릉길, 그 뒤에 숨겨진 절경

오전 10시 56분, 드디어 가인연수관(대법원연수원)에 도착했다. 간단히 산행 준비를 마치고 11시, 총 7.07km의 여정이 시작되었다. 초입의 산죽 길을 지나자마자 곧바로 암벽 구간이 나타났다. 마치 커다란 바위들이 길을 막아선 듯했지만, 밧줄을 잡고 한 걸음씩 오르니 비로소 삼적산(깃대봉) 정상에 설 수 있었다. 정상에서 바라본 풍경은 아찔하면서도 시원했다.

견양동 정상과 무능기재를 지나 복리암 정상, 그리고 수리봉으로 이어지는 능선 길은 크고 작은 암릉의 연속이었다. 다소 험했지만, 오르막길 중간중간 피어있는 진달래꽃은 지친 다리에 활력을 불어넣어 주었다. 거친 암벽을 오르내릴 때마다 저 멀리 담양호의 푸른 물줄기가 시야에 들어와, 마치 그림 같은 풍경을 선사했다. 굽이굽이 이어지는 암릉길을 헤치고 나아가 13시 14분, 마침내 추월산 정상에 도착했다. 정상에서 내려다본 담양호는 그야말로 장관이었다.

보리암의 고즈넉함, 그리고 추월산 동굴의 신비

정상에서 잠시 숨을 고른 후, 보리암 정상을 향해 하산을 시작했다. 끝없이 이어지는 가파른 계단은 마치 하늘에서 내려오는 계단 같았다. 다리가 후들거렸지만, 묵묵히 한 칸 한 칸 내려오니 드디어 보리암 정상에 다다를 수 있었다.

보리암 정상에서 조금 더 내려오자 보리암이 모습을 드러냈다. 깎아지른 절벽에 아슬아슬하게 자리 잡은 보리암은 그 자체로 고즈넉하고 신비로운 분위기를 자아냈다. 보리암을 둘러보고 다시 계단을 따라 하산하는 길, 추월산 동굴이라는 독특한 장소를 마주하게 되었다. 동굴 속으로 들어가지는 못했지만, 그 존재만으로도 미지의 세계를 탐험하는 듯한 기분을 느끼게 했다. 동굴을 지나 임도를 따라 걸으니 어느덧 14시 50분, 오늘의 종착지인 추월산 관광단지 주차장에 도착하게 되었다.

무사히 마친 여정, 다음 산행을 기약하며

총 7.07km, 3시간 50분의 짧지만 강렬했던 추월산 산행. 거친 암릉길과 끝없는 계단은 잊지 못할 경험으로 남았다. 초반에는 다소 힘들었지만, 담양호의 시원한 풍경과 보리암의 고즈넉함, 그리고 추월산 동굴의 신비로움까지, 이 모든 것이 어우러져 더욱 특별한 산행이 되었다.

이 모든 여정을 안전하게 이끌어주신 대장과 함께 땀 흘리며 걸었던 '좋은사람들' 회원들에게 진심으로 감사드린다. 비록 흐린 날씨였지만, 덕분에 햇살에 눈부시지 않고 산행에 집중할 수 있었다. 다음 산행에서는 또 어떤 아름다운 풍경이 우리를 기다리고 있을지……

팔영산: 여덟 봉우리를 넘나들며, 인생의 희로애락을 걷다

전라남도 고흥군 소재
해발 609m
산행일 2023. 6. 10.

산행코스 : 곡강마을-선녀봉-성주봉(2봉)-사자봉(4봉)-두류봉(6봉)-적취봉(8봉)-팔영산(깃대봉) 정상-적취봉-칠성봉-통천문-탑재-능가사-능가사 주차장

      2023년 6월 10일 토요일, 갑작스러운 무박 산행 취소에 급히 당일 산행으로 틀어 팔영산에 올랐다. 전남 고흥에 자리한 이 산은 여덟 개의 봉우리가 마치 팔선녀가 내려온 듯 아름답다 하여 팔영산이라는 이름이 붙었다. 17도의 쌀쌀한 아침 기온, 그리고 26도의 포근한 낮 기온 속에서, 오전의 흐린 날씨는 오후 들어 맑게 개어 산행을 더욱 즐겁게 했다. 4시간 55분 동안 8.95km를 걷는, 잊지 못할 여덟 봉우리 종주 산행이 시작되었다.

우여곡절 끝에 시작된 산행, 그리고 선녀봉의 유혹

새벽 5시, 미리 챙겨둔 배낭을 다시 한 번 점검하며 집을 나섰다. 사당역에 도착해 버스에 오르니, 다음매일 산악회 회원 30여 명이 함께할 여정에 가슴이 설다. 여산 휴게소에서 대장의 친절한 설명이 이어졌다. 팔영산은 크게 두 코스로 나뉘는데, 능가사에서 시작해 1봉부터 8봉을 거쳐 팔영산 깃대봉으로 가는 코스와, 곡강 마을에서 출발해 선녀봉을 지나 2봉부터 8봉까지 종주하는 코스가 있다는 것. 우리는 망설임 없이 후자를 택했다.

곡강 마을에 도착해 11시 50분, 드디어 첫걸음을 내디뎠다. 선녀봉으로 향하는 길은 기대감을 충족시키듯 아름다웠다. 중간중간 조망 좋은 곳에서 바라본 풍경은 탄성을 자아냈다. 선녀봉 정상에 섰을 때, 마치 선녀가 내려와 춤을 추었던 곳인 듯 신비로운 기운이 느껴졌다. 함께간 일행을 기다리며 잠시 간식을 먹는 시

간도, 험한 산행 속 작은 휴식 같았다.

여덟 봉우리의 험난한 유혹, 그리고 깃대봉의 아쉬움
선녀봉 삼거리를 지나 드디어 팔영산의 진면목이 드러나는 구간이 시작되었다. 성주봉(2봉)을 시작으로 생황봉(3봉), 사자봉(4봉), 오로봉(5봉), 두류봉(6봉)까지, 연이어 나타나는 봉우리들은 각기 다른 매력을 뽐냈다. 험준한 바위 길과 가파른 경사가 번갈아 나타났지만, 봉우리 하나하나를 정복할 때마다 벅찬 성취감이 몰려왔다.

두류봉 삼거리를 지나 통천문을 통과하니, 드디어 칠성봉(7봉)과 적취봉(8봉)이 눈앞에 펼쳐졌다. 깎아지른 듯한 암릉과 시원하게 펼쳐진 풍경은 그야말로 절경이었다. 14시 52분, 팔영산의 마지막 봉우리인 적취봉에 다다랐을 때, 온몸의 피로가 눈 녹듯 사라지는 듯했다.

하지만 우리의 목표는 여기가 끝이 아니었다. 적취봉 삼거리를 지나 팔영산 깃대봉으로 향했다. 15시 12분, 팔영산 깃대봉 정상에 도착했을 때, 정상에 떡하니 버티고 있는 통신시설은 자연의 아름다움과 대비되어 눈살을 찌푸리게 했다. 아

쉬움을 뒤로하고 다시 적취봉으로 돌아와, 왔던 길을 되짚어 하산을 시작했다.

능가사를 향한 발걸음, 그리고 다음 산행의 기대
두류봉 삼거리에서 탑재를 지나 팔영산 야영장으로 향하는 하산길은 비교적 완만했다. 걷는 내내 푸른 숲과 계곡이 어우러져 눈과 귀가 즐거웠다. 16시 45분, 마침내 능가사 주차장에 도착하며 땀과 감동으로 얼룩진 4시간 55분의 팔영산 종주 산행을 마무리하게 되었다.

이번 산행은 여러모로 특별했다. 갑작스러운 일정 변경 속에서도 무사히 산행을 마칠 수 있었고, 여덟 봉우리를 넘나들며 팔영산의 진정한 매력을 온몸으로 느낄 수 있었다. 안전하게 산행을 이끌어주신 대장과 함께 땀 흘리며 걸었던 다음매일 산악회, 안내산악회 회원들에게도 진심으로 감사드린다. 팔영산은 내게 인생의 희로애락이 담긴 한 편의 드라마 같다는 생각이 든다.

Ⅸ. 제주권

262 　한라산: 아들과 함께 오른 '한국의 산하 100대 명산' 완주!

한라산: 아들과 함께 오른 '한국의 산하 100대 명산' 완주!

제주도 제주시, 서귀포시 소재
해발 1,947m
산행일 2024. 7. 25.

산행코스: 성판악탐방안내소-속밭 대피소-진달래 밭 대피소-한라산 정상-용진각대피소-용진각 현수교-삼각봉대피소-탐라계곡 화장실-관음사지구탐방지원센터

2024년 7월 25일, 드디어 꿈에 그리던 순간이 찾아왔다. 바로 한국의 산하 100대 명산 마지막 퍼즐, 한라산 등반이다. 게다가 이번 산행은 둘째 아들과 함께하는 터라 그 의미가 남달랐다. 오랜만에 아들과 함께하는 설렘에, 4번이나 올랐던 한라산이지만 마치 처음 오르는 듯 가슴이 두근거렸다.

고난의 시작: 예약부터 날씨까지

새벽 3시 30분, 배낭을 다시 한 번 점검하고 4시에 맞춰 예약해 둔 콜택시에 몸을 실었다. 한라산 탐방 예약부터 김포공항 리무진 버스가 없어 콜택시를 예약하고, 제주에서 렌터카와 숙소까지 꼼꼼하게 준비한 여정이었다. 김포공항에서 간단히 샌드위치로 아침을 때우고 6시 10분 비행기에 몸을 실으니, 7시 15분 제주국제공항에 도착했다. 렌터카를 인수받아 성판악 탐방안내소에 도착하니 8시 45분. 여름인데도 아침 기온 27도, 낮 기온 31도에 흐리고 비가 오락가락하는 날씨는 만만치 않은 산행을 예고했다.

안개 속 백록담, 거친 비바람 속 정상

8시 40분, 성판악 탐방안내소를 출발해 본격적인 산행을 시작했다. 국가지점번호 안내판들이 이정표가 되어주었지만, 습하고 후텁지근한 날씨에 땀은 비 오듯 쏟아졌다. 해발 900m, 1,000m 표지석을 지나 속밭대피소에 도착하니 10시 4

분. 잠시 숨을 고르고 다시 오르기 시작했다.

사라오름 입구를 지나 해발 1,300m, 1,400m 표지석을 차례로 만났다. 11시 12분, 진달래밭 대피소에 도착했을 때는 이미 비가 내리기 시작했고 바람까지 거세졌다. 여기서부터는 더욱 험난한 오르막길의 연속이었다. 비바람을 뚫고 해발 1,600m, 1,700m, 1,800m 표지석을 지났다. 아쉽게도 1,200m와 1,500m 표지석은 놓쳤지만, 정상에 대한 열정은 꺾이지 않았다. 마침내 12시 30분, 한라산 정상에 발을 디뎠다. 하지만 궂은 날씨 탓에 백록담은 볼 수 없었고, 거센 비바람에 오래 머물 수도 없었다. 그래도 아들과 함께 정상에 올랐다는 사실만으로도 가슴이 벅차올랐다.

아들과 함께한 하산길, 그리고 100대 명산 완주의 감격

정상에서의 아쉬움을 뒤로하고 바람이 잦은 관음사 방향으로 하산을 시작했다. 왕관릉을 지나 용진각 대피소의 추억을 떠올리며 용진각 현수교를 건넜다. 삼각봉 대피소에 도착하니 13시 45분. 이때부터 둘째 아들의 다리가 불편해 보였다. 빗줄기는 더욱 거세졌고, 걱정되는 마음에 아들을 살피며 천천히 발걸음을 옮겼다.

해발 1,300m, 1,200m 표지석을 지나 탐라계곡 화장실에 도착했을 때는 아들이 힘겨워하는 것 같았다. 간식을 먹으며 충분히 휴식을 취한 후 다시 하산을 이어갔다. 구린굴을 지나 해발 615m 표지석을 거쳐 마침내 관음사지구 탐방지원센터에 도착하니 16시 35분. 총 18.3km, 7시간 55분의 대장정이 마무리되는 순간이었다.

성판악 코스의 국가지점번호는 4-1부터 4-36까지 오름차순으로, 관음사 코스는 5-34부터 5-1까지 내림차순으로 부여되어 있었다. 대략 300m 간격으로 설치된 이정표가 우리의 길잡이가 되어주었음을 깨달았다. 아들이 힘들어하는 모습에 함께 저녁 식사를 하는 대신, 택시를 타고 성판악 탐방안내소로 이동하며 이번 산행을 17시 15분에 마치게 되었다.

백록담은 못 봤지만, 아들과의 추억을 얻다
비록 백록담의 웅장한 모습은 볼 수 없었지만, 둘째 아들과 함께 한국의 산하 100대 명산을 완주했다는 사실만으로도 이번 한라산 산행은 내게 평생 잊지 못할 의미를 선사했다. 험난한 여정 속에서도 서로를 의지하며 걸었던 시간들은 그 어떤 풍경보다 아름다웠다. 아들아, 고맙다. 다음에는 더 맑은 날, 백록담의 푸른 물결을 함께 볼 수 있기를!

한국의 백산백색

百山百色